JN090966

Movement Education & Therapy

子どもたちが笑顔で育つ
ムーブメント療育

小林芳文 監修

小林保子・花岡純子 編集

Yoshifumi Kobayashi
Yasuko Kobayashi
Junko Hanaoka

クリエイツかもがわ
CREATES KAMOGAWA

はじめに

　本書を手にしてくださった方は、保育や療育などの福祉現場や教育、看護・医療の現場において、身体の動きに不自由があったり、重症心身障がいがあるお子さんとご家族をサポートされておられる方がほとんどのことと思います。子育て中の親御さんもおられるのではないでしょうか。きっと皆さんは、子どもたちに楽しいことを経験させてあげたい、もっともっと笑顔ともてる力を引き出してあげたい、家族に幸せになってもらいたい、そう願って日々ご尽力されていることでしょう。

　どんなに重い障がいがあっても、子どもはみんな、より健康に育ち、幸福になる権利をもって生まれてきます。その権利を保障し導くことが身近にいる私たち大人の大事な役割です。一方で多くの子どもたちが、機能の改善のためにつらい治療やリハビリテーションに日々向き合っています。もちろん、医療は大切です。しかし、それ以上に子どもたちが求めているのは、わくわくドキドキ心と身体が躍る「遊び」なのです。

　ムーブメント教育・療法とは、子どもの育ちの原点である楽しい運動遊びを通して、子どもの「からだ（動くこと）・あたま（考えること）・こころ（感じること）」の発達を支援する教育および療育方法です。本書は、筆者とともに25年間にわたり医療型児童発達支援センター「ひだまり」で実践してきたムーブメント療育のノウハウを紹介し、みなさまの一助になればと出版社クリエイツかもがわにお力をいただき創刊の運びとなりました。

　本書は、世界中が新型コロナウイルスに直面し、新たな生活様式に向けて模索している最中での執筆となりました。自粛生活を通し、いかに子どもたちが友だちと集い遊んだり、運動したり、学んだりすることを求めていたかを私たち大人は再認識させられました。だからこそ、私たちの創意工夫によって、子どもと家族を笑顔にし、発達を応援するムーブメント活動に取り組んでまいりたい所存です。

　本書がみなさまのお役に立ちますことを願っております。

　2020年7月

監修者　小林芳文

CONTENTS

PART 1

ムーブメント療法の
理論を学ぼう

近年、小さく生まれる赤ちゃんが増えています。妊娠24週や25週で体重が500gに満たない状況で生まれても、新生児集中治療室（NICU）にて高度医療のサポートを受け、救命が可能になりました。

　その一方で、心身機能に何らかの問題が生じることも少なくありません。重い障がいが残り、生命活動を営む上で常時濃密な医療を必要とする場合もあります。人工呼吸器をつけて在宅生活をしている子どもも増えてきました。それでも子どもたちは、家族と一緒に懸命に生きよう、大きくなろうとしています。

　一人で動くことが難しくても、言葉で伝えられなくても、子どもはみんな「遊びたい」「動き回りたい」「何か面白いことないかな」という思いを潜在的にもっています。しかし、重い障がいがあるために思いが育ちにくかったり、行動に現れにくかったりすることも少なくありません。

　そのような子どもたちの思いに応え、感覚運動を中心とした楽しい運動遊びのプログラムを通して、健康と心身の発達を支援する方法にムーブメント教育・療法があります。この教育・療法は、リハビリテーション医療でも訓練でもありません。療育や保育、教育等の現場で、子どもと家族の思いを引き出し、身近で応えてあげることができるのは、子どもの専門家である保育者や教師です。

　ここでは、ムーブメント教育・療法を学ぶ上で、前提として確認しておきたい障がいがある子どもの発達における環境の役割および運動遊びの重要性について確認します。

CHAPTER 1　子どもの発達と運動遊び

1　子どもの発達と環境

　人間の赤ちゃんは、お母さんのお腹の中で40週間守られて育った後、生まれてきます。生まれて間もない新生児期は、未定頸で感覚機能が未熟なため、聞こえたり見えていたりしても、それが何か認識されていません。しかし、日を追うごとに音や物の動きに反応するようになり、あやすと笑ったり、音がした方向に頭を動かしたりと著しく感覚への反応が変化していきます。これが目に見える発達の始まりなのです。

　発達に関連する分野において、子どもは環境との相互作用の中で影響しあいながら発達していくと考えられています。例えば、赤ちゃんの定頸は、声がする母親の方を見ようと意図的に

首を動かす経験や、泣くと母親が抱っこしてくれることで、首をもたげる機会が増えることにより促されます。この時期、子どもにとって母親はもっとも身近な環境（人的環境）となります。

　次に幼児を例にあげてみましょう。保育園の園児が散歩中にたんぽぽの綿毛を発見します。何だろうと興味がわき、手に取り、引き抜くと綿毛が跳んでいきました。子どもはその現象に驚きながらたんぽぽの綿毛について理解します（図1）。この時たんぽぽは、子どもの心と行動にはたらきかける環境となります。

　このように周囲に子どもが行動したくなる環境があること、そこには子どもが行動を起こしたときに新たな発見、学び、考える力につながる応答性があることが発達を促す大事な要素となります（図2）。

図1　子どもが環境にはたらきかけるとき

図2　子どもの発達と環境との相互作用

② 子どもの発達と運動遊び

　子どもの発達を考えるとき、まず要となるのが、「基本的な動き」を獲得していくことです。なぜならば、初期の発達段階において、子どもは、動きを通してさまざまなことを学んでいくからです。例えば、手を動かせるようになると、物を手に取り探索することができるようになります。移動が可能になると、行きたいところに行くことができ、そこで新たな発見を得ることができます。

　このように、粗大運動（大きな身体の動き）や微細運動（手を使った操作など）などの基本的な身体の動きを獲得していくことが、その後の知的な発達や情緒の発達の軸となっていくため、乳幼児期は身体運動機能の発達に不可欠な発達段階に即した運動遊びの経験が重要になります。

　それでは、生まれながらに運動機能の発達に課題のある子どもの場合はどうでしょうか。

　写真は、脳性まひのある2歳のAちゃんです。四肢にまひがあるため、手足を動かすことが困難です。Aちゃんの傍らにあるのは、お気に入りのオルゴールです。オルゴールの音色とともに、目の前で回っているその様子をじっと見つめています。Aちゃんがオルゴールの音や動きに興味関心をもち主体的に見ているのがうかがえます。もしAちゃんの手が動いたら、オルゴールに触ったり、手に取って遊んだりするかもしれません。あるいはAちゃんは、手を使って遊ぶということをまだ知らないのかもしれません。

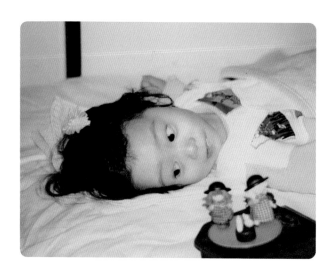

　肢体不自由があると、身体を動かしにくく、環境にはたらきかけることに困難が生じるため、心身の発達に必要な経験の不足が懸念されます。また、未定頸や座位保持が困難な重症心身障がいのある子どもは、寝たきり状態、すなわち重力に全身をゆだねた従重力の状態にいる時間が長くなりがちです。しかし、寝たきりの姿勢から重力に対し身体を起こす抗重力姿勢の経験を増やすことで、身体面では筋肉、関節、骨、感覚などが刺激され、徐々に身体軸が整い、健康や認知発達にとって良循環をもたらします。

　また、姿勢を起こすことで視野が広がり、手が動かしやすくなるため子どもが環境にかかわりやすい状況が生まれます。私たち大人は、障がいがあるがゆえに子どもが経験する機会が失われることがないよう、心身の発達に必要な魅力ある環境を提供し、子どもにはたらきかけていくことが求められます。

4 子どもにとって必要な環境とは

乳幼児期など、初期の発達段階において、子どもは、環境との相互作用を通し、動くことを学んでいくと同時に、動きの経験を通してさまざまなことを学んでいきます。

では、この時期に私たち保育者はどのような環境構成（設定）を心がけるとよいのでしょうか。

❶ 子どもの興味関心を誘う魅力ある環境

子どもの身のまわりにある生活用具や遊具等、物的環境すべてが子どもにとっては遊び道具です。しかし、すべてのものに子どもが興味関心を示すわけではありません。子どもの目に留まり、心を動かすのは、形や色、音、大きさなど、感覚にはたらきかける要素（誘引性）を備えた物的環境です。

❷ 動きを引き出す応答性のある環境

子どもの心に興味関心が生まれると、子どもは、そこにある玩具などに向かって動き、手を出します。その時、素材そのものに触覚の面白さや触ったり、振ったりすると音が鳴ったり、形が変わったりなどの変化、すなわち「応答性」があると、子どもの興味関心はさらに膨らみ、次の探索的な行動へと発展していきます。

時には、子どもと物との関係性に人的環境として「人が介在すること」で応答性のある環境をつくります。例えばおきあがりこぼしをつっついたり、「音がなったね」などと声かけしたりすることで、子どもの新たな発見につなげます。

❸ 経験の不足しない環境

子どもが自発的に経験することが困難な遊びを、大人がかかわることで発達の基盤となる多様な経験ができるよう支援します。一人でブランコに乗ることが困難なら、抱っこして一緒に乗り、揺れを楽しみます。一緒に乗れない場合は、同じような揺れ刺激を体験できる遊びを工夫します。

手で触ることが難しいのであれば、子どもの手に玩具を握らせたり、触れさせたり、一緒に操作したりします。決して難しい支援スキルが求められているわけではなく、ちょっとした配慮や援助で子どもの遊びの経験が豊かなものになります。

❹ 発達を意図して構成された環境

保育や療育、教育現場での保育活動においては、常に対象とする子どもの育ちや発達段階を踏まえて、ねらいと内容、さらにその軸となる環境構成を立案し実施しています。

遊びのねらいを達成するには、対象となる子どもの個性や集団の発達段階に即した遊びを工夫し、子どもの育ちの変化とともに、ねらいも活動内容も発展させていくことになります。

　とりわけ発達に多様な課題を有する子どもの場合は、一人ひとりの発達の姿も異なります。その子の発達特性をしっかり把握した上で、発達に適した遊びの環境を用意することが求められます。

❺ 適した遊具、教材、教具があること

　発達を意図した環境としては、場を含め遊具や教材、教具があります。遊びを展開する際、どのような遊具や教材、教具が適しているか考えて選択したいものです。

　同年齢の子どもでも、同じ遊びや玩具、教材等に興味を示す子もいれば示さない子もいます。発達段階からかけ離れたスキルを要する遊びでは、子どもは楽しめず、興味も長続きはしません。発達に課題のある子どもの場合は、既存の遊具を用いる場合も、操作しやすいやさしい工夫をするとよいでしょう。

　また運動遊びでは、簡単な操作で快刺激が得られる遊具を用いることで、達成感が得られやすくなります。一つの遊具での遊びをくり返したら、次は、その遊びで培われた力を活かせる遊具を選び、自分でできる経験を積み重ねながらスモールステップで子どもの力を引き出していきます。遊具、教材等は、一緒に遊び、試しながら子どもの実態に適したものを選択します。

CHAPTER 2 ムーブメント教育・療法

1 ムーブメント教育・療法とは

　ムーブメント教育・療法とは、子どもの育ちの基本は「遊び」にあり、その遊びを通して子どもは動くことを学び、動きを通して学びながら発達していくとする考えのもと、開発された教育・療法です。ムーブメント教育・療法は、米国の神経心理学者で学習困難児の治療教育を中心に取り組んできたM.フロスティッグが「動きを通した支援」として体系化した教育支援法です。

　1980年代に横浜国立大学・和光大学名誉教授の小林芳文が発達支援方法として日本で発展させ、現在では、障がい児者の施設、幼稚園・保育園、特別支援学校等で幅広く活用されてい

ます。

　ムーブメント教育・療法は、乳幼児期から学齢期に至るまでの発達に不可欠な感覚運動を通し、運動・認知・情緒・社会性などの心理的諸機能、すなわち「からだ・あたま・こころ」の全人的な発育・発達を支援し、健康と幸福感の達成をゴールに置いています（図1）。

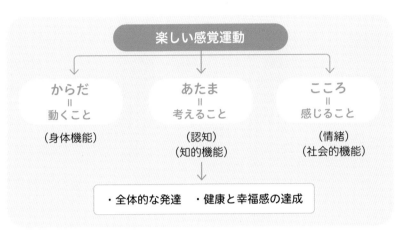

図1　ムーブメント教育・療法とは

2　ムーブメント教育・療法の特徴

❶ 遊具・音楽などの活用による環境づくり

　ムーブメント教育・療法は、機能訓練ではなく、動くことと遊びを軸としているため、子どもがわくわくドキドキして、自ら動きたくなる、手に取って探索・発見したくなる環境づくりを大事にしています。そのためムーブメント活動では、多様な動きが経験できる遊具や心と身体の動きを引き出す音楽を活用し、ファンタジックな運動遊びの空間を工夫して提供します。

　運動遊びだからといって、広いスペースがなければできないわけではありません。活動は保育室でも行えます。その他、多目的室や広いホールなどの室内はもとより、園庭、水中（プールなど）など、その環境のもつ特性を活かしたプログラムを実践することで、年間を通してさまざまな取り組みが可能となり、子どもたちの経験の幅も広がります。

❷ 個々のニーズに応じた支援が可能

　特別なニーズのある子どもへの支援は、一人ひとりの発達ニーズに応じた支援が基本であり、「個別の支援計画」を作成して支援が行われています。保育指針や幼稚園教育要領でも「支援のための計画を個別に作成する」などと示されており、療育の場にとどまらず、インクルーシブな教育や保育の場においても、一人ひとりに応じた支援が求められています。

ムーブメント教育・療法は、発達をアセスメントするツール「ムーブメント教育・療法プログラムアセスメント：MEPA-R」および「障害の重い児者のためのムーブメント教育・療法プログラムアセスメント：MEPA-ⅡR」（図2）があり、それにそったプログラムが用意されているため、PDCAサイクルで行う個別の支援の実践に活用できることが特徴となっています（図3）。

MEPA-R	MEPA-ⅡR	
〈評定対象〉	〈評定対象〉	
・発達月齢0〜72か月	・発達月齢0〜18か月	
〈評定項目〉	〈評定項目〉	
・運動・感覚分野	・運動・感覚分野	
→姿勢・移動・技巧	→姿勢・移動・操作	
・言語分野	・コミュニケーション分野	
→受容・表出		
・社会性分野		
→対人関係		

個に応じた支援の流れ

一人ひとりのニーズに応じた発達を支援するためのプログラム

↓

アセスメント
＋
プログラム

PDCAサイクル

発達特性の把握
↓
ニーズ支援課題の設定
↓
支援プログラムの作成
↓
プログラムの実施
↓
実践の評価

図2　ムーブメント教育・療法のアセスメントの種類　　　図3　アセスメントを活用した支援

3　ムーブメント教育・療法の達成課題

　ムーブメント教育・療法では、発達における達成課題として、①感覚運動機能の向上、②身体意識の向上、③時間・空間、その因果関係の意識の向上、④心理的諸機能の向上の4つを掲げています。

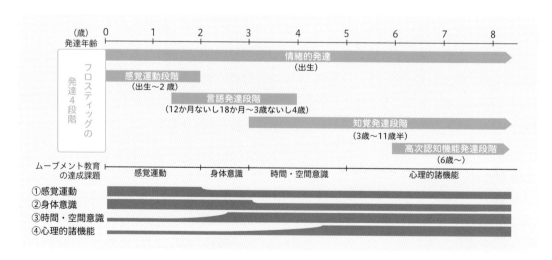

図4　支援の軸となる発達課程と達成課題

（小林芳文他「発達障がい児の育成・支援とムーブメント教育」大修館書店、2014 P27より引用）

これらの達成課題をフロスティッグの発達観に照らし合わせると、図4のように整理することができます。ムーブメント教育・療法の発達課題は、大まかに発達年齢軸に応じ段階的に示されていますが、図の下段に示されているように、各発達段階の中心的課題であることが見て取れます。

❶ 感覚運動機能の向上の支援

　感覚運動機能とは、感覚情報の処理と筋運動のコントロール機能のことを意味しています。スイスの発達心理学者で認知発達理論を提唱したジャン・ピアジェは、子どもの認知発達を4つの段階で理論づけを行っており、その第一段階として0〜2歳の乳児期を感覚運動期と位置づけています。この段階は、感覚と運動の関係を学び、反射的な行動や探索活動が盛んになる時期と説明しています。フロスティッグも同様に感覚運動段階として位置づけています。

　人間の発達初期では、視覚や聴覚に加え、動くことを通して運動につながる感覚が育っていきます。そのような感覚に、体性感覚、前庭感覚、固有感覚などがあります。視覚や聴覚は、感覚器の存在が見て確認できる一方、体性感覚や固有感覚、前庭感覚は、感覚器の存在がとらえにくいため、一般的にはほとんど知られていません。しかし、これらの感覚が備わっているからこそ、人は身体活動や知的な活動を行うことができるのです。

　一つ目の体性感覚とは、皮膚感覚（触覚、温覚など）と深部感覚（深部圧覚、振動感覚など）からなり、身体全体に分布しています。中でも触覚は、触り、触られることによる情緒の安定や物やその特性の識別、身体意識の形成をもたらすはたらきがあります。

　二つ目の固有感覚とは、筋肉や腱、関節にある感覚で、身体や手足を動かす（動かされる）際に身体の位置や動きの大きさ、運動の調整、姿勢を保つはたらきがあります。

　三つ目の前庭感覚は、重力に対する身体の動きの方向や加速度、回転に対する感覚です。その受容器は内耳にあり、重力に対して常に姿勢や動きのバランスが保てるようセンサーとしてはたらいています。

　赤ちゃんが定頸し、座位や立位などの抗重力姿勢が取れるようになり、基本的な運動機能（粗大運動）および手を使った操作（微細運動）ができるようになるためには、これらの多様な感覚が育っていくことが必要となります。つまり、この時期は、動きと感覚が相補的な関係の中で発達していくため、それを支えていくことが重要になります。

　感覚運動機能の発達段階に必要な支援の際の視点と支援方法を、以下に示します。とりわけこの時期は、子どもが大人に好んでしてもらう「たかいたかい」や「飛行機ブーン」、抱っこして揺らすなどの心地よい揺れ刺激の提供がポイントになります。

- 抗重力姿勢を育てる（定頸、座位）
- 基本的な動きを育てる（座位、這う、立つ、座る、歩く、走る、転がる、跳ぶなど）
- 運動の属性を高める（調整力、柔軟性、リズム感、スピード感、筋力、持久力）

支援方法

- 揺れの種類の工夫（上下、前後、垂直、回転）
- 揺れを楽しみたくなる声かけ
- 異なる姿勢や基本的な動きを伴う活動
- 動と静、強弱を意識した動き
- 見たくなる、触りたくなる環境の工夫

〈推奨遊具〉

- ユランコ
- トランポリン
- パラシュート
- 車いすダンス
- スカーフ　など

❷ 身体意識の向上の支援

　身体意識とは、自分自身の身体のイメージをもつことであり、心身の発達に重要な役割があります。身体意識が育つことで、自分という存在に気づき、自分自身を軸に他者の存在や周囲の環境を理解することができるようになり、環境に合わせた身体の使い方や動かし方が可能となります。

　この身体意識は、動くことでさまざまな環境に触れ、経験し学んでいくことで自分とそうでないものの理解が進み、形成されていきます。その身体意識は次ページに示したとおり「身体像」「身体図式」「身体概念」の機能に分けてとらえていくことができます。

　例えば、赤ちゃんはミルクを与えてもらうと、空腹を満たされたことで生じる心地よさを感じます。このくり返しで徐々に空腹感を認識するようになり、自身の身体の存在がイメージできるようになります。その段階から「○○ちゃんの頭はどこなかな？　お腹はどこかな？」と問われ、その部位を手で示すことができるようになるのが身体概念の形成です。

　この段階は、感覚運動の発達段階で、子どもは立位や歩行ができるようなりますが、スムーズに姿勢を変えられなかったり、机や椅子にぶつかったり、まだうまく手が使えなかったりします。この時期、主体的に色々な方向に移動したり手を動かして物を取ったりなどの経験を通して、身体図式が育っていきます。このような身体意識の形成をムーブメント教育・療法で支援する視点および支援方法を以下に示します。

身体像 (Body image)	空腹感や寒気、痛みなど身体内外の諸感覚（視覚、聴覚、触覚、筋感覚、内臓の感覚）を通して感じられる身体のイメージのことを言います。
身体図式 (Body schema)	多様に異なる環境下で人や物にぶつからないように適切に姿勢を変えたり、作業や移動したりすることができるようになるためには、骨格の部分を調整したり、バランスのある姿勢を維持するための筋肉のはたらきや、他の物体を効果的に操作する能力（ラテラリティ〔手足の左右の使い分け〕や方向性を含む）が必要であり、これを身体図式と言います。
身体概念 (Body concept)	「あたま、かた、ひざ、ポン♪」など、唄いながら身体部位を確認していく手遊びに代表されるように、幼児期は身体の事実や機能についての知識を学んでいきます。これを身体概念と言います。

発達の視点

- 身体全体を伴う多様な揺れを中心とする感覚運動の経験（身体像）（身体図式）
- 視覚、聴覚、触覚刺激を伴う動きの経験（身体像）
- 移動系、姿勢を保持する運動（身体図式）
- 物を操作する運動（身体図式）
- 正中線を交差する運動（身体図式）
- 多様な属性の運動（身体図式）
- 身体部位の参加を意図した活動（身体概念）

支援方法

- ユランコやトランポリンによる揺れや回転
- スキンシップ体操、タッピング
- 水遊び（全身への触覚刺激）
- トンネルや通路など空間の移動
  （ずり這い、四つ這い、車いすに乗って）
- 手でのれんをよけてくぐる
- 手で物を付ける、はずす
- 身体部位に触れる、物を乗せる遊び

〈推奨遊具〉
- ・ユランコ
- ・トランポリン
- ・スカーフ
- ・プール
- ・プレーバンド
- ・ビーンズバッグ
- ・ムーブメントコクーン　など

❸ 時間・空間、その因果関係の意識の向上

　身体意識の発達とともに、自分自身を軸に環境を把握していくことができるようになります。例えば、友だちと手をつないだときの距離感、机の下に潜ったときや保育室から園庭に出た瞬間に感じる空間の変化など、自分の身体を通して環境下で生じるさまざまな事象を知覚してい

くことで、時間・空間意識の形成が促されていきます。さらにそのような経験は、抽象的思考の基礎となります。

　ムーブメント教育・療法に基づく、時間や空間に対する意識、抽象的な概念の形成を促す際の支援の視点と支援方法について以下に示します。

支援の視点

- 時間の概念につながる「ゆっくり」「速く」「止まる」などを意識した動きの経験
- 空間の概念につながる「広い」「狭い」「高い」「低い」などの空間の広さや「前後」「左右」「真ん中」など方向や位置を意識した動きの経験

支援方法

- 速度や動と静、方向を意識した指示や、テンポに合わせて動く
- 数を数えながらジャンプする、揺れる
- キャッチボール
- 上から落ちてくるものを見る、手で触れる

④ 心理的諸機能の向上の支援

　心理的諸機能とは、「情緒、社会性を含め、言語機能、視覚化の機能（物を見てそれを記憶する）、問題解決能力、概念化、連合の諸機能（見たり、聞いたりして動作する）」のことを言います。乳幼児期は、集団遊びの中でさまざまな経験を通し、情緒の安定や人とかかわる力、言葉の発達、記憶力、物事に対応する力が養われ、知的発達が促されていきます。これらの心理的諸機能が身につくためには、まず感覚運動の段階において「見る、聞く、動く」という感覚と運動の基礎が培われ、次に「見て動く、聞いて動く」という知覚と動作・運動が結びついた知覚運動が発達、さらに「判断する、理解する、結びつけて行動する」という精神運動機能が発達する必要があります。

　ここでいう知覚とは、感覚に認知的な判断が伴うことで、見ているものや聞こえていることの意味がわかることを言います。一般的に人の知覚機能には、1）視知覚、2）聴知覚、3）筋知覚、4）触知覚、5）前庭感覚があることが知られており、3）4）5）を総じてハプティック知覚と呼びます。ハプティック知覚とは、身体を巧みに動かすために必要なもので、このハプティック知覚も含め、知覚の発達には、幼児期の豊富な運動体験が重要な要素になります。神経学的には、脳へと入力された各種知覚情報が脳内で適切に処理され、運動反応として出力されるようになること、すなわち「知覚と運動の連合機能」の向上が促される運動の経験が必要ということになります。この段階を知覚運動機能の発達段階と呼びます。

知覚運動機能は、幼児期における集団遊びの中で音や指示に合わせて動いたり（聴覚－運動）、目で確認して操作したり、目的物に向かって動いたり（視覚－運動）などのくり返しで育ちます。4歳児から5歳児になると、知覚運動の発達を基盤に、例えば音を聴いてダンスで表現したり、身近な物でジャングルを作って探検遊びをしたり、ルールを決めて遊ぶなど、創造した動きが可能となる創造的運動が可能となります。そのような活動を通して他者の気持ちを想像したり、一緒に考え、行動する力などコミュニケーション能力や人とかかわる力、問題解決能力等の心理的諸機能が発達していきます。

　以下では、主に知覚運動や創造的運動を軸とした心理的諸機能の発達を支援する視点および支援方法を示します。

◯ **支援の視点**

- 知覚運動の経験（視覚－運動、聴覚－運動）
- 創造的運動の経験（推理、判断、問題解決能力を含む運動）
- 活動を通した社会性を高める経験（情緒の安定、言語機能、人間関係の形成など）

◯ **支援方法**

- 視知覚、聴知覚、ハプティック知覚が刺激され動きたくなる活動
- ストーリーや音楽を通しイメージや見通しをもたせる活動
- 他者の存在を意識したり、見たりして模倣する経験
- 集団で協力して活動する経験
- 感情や意思表出、言葉の理解、コミュニケーションを意図した活動

〈推奨遊具〉
- ・ロープ
- ・形板
- ・パラシュート
- ・スペースマット
- ・ビーンズバッグ　など

④　初期の発達段階にある子どもの発達的課題

　心身に重い障がいがあると、動くことそのものに課題があります。しかし、自ら動くことが困難でも、他動的に動かしてあげることでさまざまな経験や学びを得ることができます。その上では、快い揺れを中心とする「感覚運動」を支援するムーブメント活動が極めて有効です。

　そのような感覚運動による刺激は、生命の基本機能をつかさどる脳幹を活性化し、健康や発達の土台づくりに作用します。人間の脳は、大脳、小脳および脳幹で構成されています。大脳は人の思考や感情、感覚、言語および行動にかかわる重要な役割を担い、小脳は、人がスムー

ズに動けるよう運動機能の調整や学習した運動を
記憶しておく役割を担っています。脳幹とは、脳
の中心部に位置する間脳、中脳、橋、延髄の総称
です（図5）。脳で処理された情報は、脊髄を通っ
て体の各部位に伝達され、行動として現れますが、
その際、脳と脊髄の間を取り持っているのが脳幹
です。しかし、その役割は連絡路としてだけでは
ありません。間脳は自律神経系の中枢であり、中
脳は、視覚・聴覚・体の平衡・姿勢反射に関する
中枢、橋は、小脳との連絡路で脊髄と大脳および
小脳を結びつける中継点でもあります。そして延

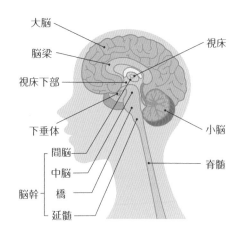

図5　中枢神経系（脳と脊髄）の概略図

髄は、呼吸運動や心臓の動きをはじめとする生命維持に重要な中枢になっています。つまり、
脳幹は、脳の活動を制御したり、生命活動を維持する重要な役割を担っているのです。

　この脳幹の活性を促す上では、「①感覚運動機能の向上の支援」で説明した視覚、聴覚、前
庭感覚、体性感覚並びに固有感覚刺激が効果的であり、子どもへの支援においては、それが楽
しく感じられる快刺激として提供されることが重要であるとされています。中枢神経系に重い
障がいのある児（者）にとって、楽しく自ら参加したくなるような、感覚運動を中心としたムー
ブメント教育・療法に基づく支援は大変重要となります。

　ムーブメント教育・療法では、感覚運動のための発達的課題として、次の３つを大事にして
います。

❶ 抗重力姿勢での感覚運動の経験
❷ 豊かな身体の揺れ感覚の経験
❸ 身体意識、特に身体像の形成

　感覚運動の初期段階にある子どもたちに対しては、できるだけ横になった姿勢から抗重力姿
勢をとらせるとともに、さまざまな姿勢で楽しみながら揺れたり、回転したり、移動したりな
どの運動刺激を経験させてあげたいものです。

　また、やさしく身体に触れるスキンシップ体操や、「目はどこかな、肩はどこかな、先生の
手温かいかな」などと声かけしながら、一緒にその部位を触るなどして、自分の身体を認識で
きるような活動を通じ、身体像を中心に身体意識を育てる活動を取り入れていきます。

　障がいのある子どもの感覚運動の支援に取り組む際には、教育や療育的アプローチが必要で

す。一人ひとりの発達ニーズを踏まえた上で、子どもの興味関心にはたらきかけ、楽しく自ら動きたくなる、発見したくなるはたらきかけを展開します。

　楽しいムーブメント活動を通し、基礎的な運動機能の発達はもとより、楽しむ力、感情を表出する力、人とかかわる力やコミュニケーションする力の発達を支援し、最終的なゴールである健康と幸福感の達成へと導きます。

5 ムーブメント教育・療法プログラムアセスメント：MEPA– ⅡR

① MEPA– ⅡRとは

　MEPA- ⅡR（図6）は、発達がゆっくりで運動機能が月齢0か月から18か月の発達段階にある肢体不自由児（者）や重症心身障がい児（者）の発達の状況と発達上の変化を小さなステップごとに細かく確認することができるアセスメントです。

　運動面だけでなく社会性や情緒などコミュニケーション能力を含めた全人的発達の変化をアセスメントすることができるため、医療、福祉、教育の各分野で活用されています。

　MEPA- ⅡRおよび前述のMEPA-Rの優れた特徴の一つに実施が難しくなく、だれでも行えるという点があります。専門用語の使用は最小限にとどめ、日常生活を振り返りながら回答ができる質問で構成されています。

図6『MEPA- ⅡR』
（小林芳文監修・著他『障がいの重い児者のためのムーブメント教育・療育プログラムアセスメント：MEPA- ⅡR』文教資料協会, 2014）

② アセスメントの構成

　MEPA- ⅡRは、「運動・感覚」と「コミュニケーション」の2分野で構成されています（表1）。さらに「運動・感覚」分野は「姿勢（P; Posture）」「移動（L ; Locomotion）」「操作（M; Manipulation）」の3領域からなります。各領域は、発達段階を5ステップ、10のキー項目で確認する構成になっています。

　「姿勢」は「頭の持ち上げとコントロール」〜「立位から一人で座る」までの5ステップ、「移動」は、「自発的な身体と手足の動き」〜「一人歩行」までの5ステップ、「操作」は、「手指の握りと探索」〜「つまみと取り出し」までの5ステップからなります。

　コミュニケーション分野は領域に分けず、その後の言語・社会性・情緒の発達へとつながる基礎的な分野として、発達月齢に応じた5ステップ、50の下位項目で構成されています。

表1　MEPA－ⅡRの構成（分野・領域・内容）

分野	領域	内容	キー項目数	下位項目数
運動・感覚	(1) 姿勢 (P; Posture)	非移動、主に静的な活動	10	各　5 計　50
	(2) 移動 (L; Locomotion)	移動、主に動的な活動	10	各　5 計　50
	(3) 操作 (M; Manipulation)	物を媒介とする主に操作性	10	各　5 計　50
コミュニケーション (C; Communication)		笑い声や発声等を含む対人的な反応・聴覚の反応・環境とのかかわりなど言語・社会性・情緒に関するもの	5ステップ 計　50	

（小林芳文監修他「障がいの重い児（者）が求めるムーブメントプログラム：MEPA-ⅡRの実施と活用の手引き」
文教資料協会 , 2014, p26より引用）

❸ 評定の仕方と評価のポイント

評定のチェック方法は、下記の例のように日常的な観察に基づいて行えばよいので簡単です。

例：姿勢（Posture）第1ステップ　P－1

a 腹臥位で、頭を数秒持ち上げる。

明らかに観察できた場合　……………………　＋

できそうな場合、少しみられる場合　………　±

反応や行動がみられない場合　………………　－

「あー、これはできているな」という場合は、評定欄に「＋」を「しようとしているしぐさは見られるな」という場合は芽生え反応として「±」を記入します。まだ見られなければ「－」です。

評定の際、次へとつながる反応として、芽生え反応をしっかりとらえておくことが重要です。できること、できないことに目がいってしまいがちですが、発達がゆっくりな子どもたちほど、芽生え反応を見つけ、評定し、その後の変化を見ていくことが大事になります。

❹ プロフィール表の活用

すべての評定項目の評定が終わったら、プロフィール表に下記のようにプロットします。

（＋）の場合　▨▨▨

（±）の場合　◣

（－）の場合　▢

MEPA-ⅡR プロフィール表

氏名　　　　　　　S

（男・女）　　　　年　　　月　　　日 生

ステップ	月齢	キー項目	姿勢	移動	操作	コミュニケーション
第5ステップ	18〜13ヶ月	10	立位↓座位（e d c b a）	一人で歩く（e d c b a）	豆を取り出す（e d c b a）	社会的循環要求（e d c b a）
第4ステップ	12〜10ヶ月	9	立位（e d c b a）	支持歩行（e d c b a）	片手で投げる（e d c b a）	自発的循環要求（j i h g f e d c b a）
第4ステップ	12〜10ヶ月	8	膝立ち位（e d c b a）	つかまり移動（e d c b a）	積み木重ね（e d c b a）	自発的循環要求
第3ステップ	9〜7ヶ月	7	安定四つ這い位（e d c b a）	四つ這い移動（e d c b a）	両手に持つ（e d c b a）	自他循環要求（o n m l k j i h g f e d c b a）
第3ステップ	9〜7ヶ月	6	初歩四つ這い位（e d c b a）	交互腹這い移動（e d c b a）	物を振る（e d c b a）	自他循環要求
第3ステップ	9〜7ヶ月	5	安定座位（e d c b a）	這いずり移動（e d c b a）	持ち替える（e d c b a）	自他循環要求
第2ステップ	6〜4ヶ月	4	初歩座位（e d c b a）	寝返り背→背（e d c b a）	片手伸ばしつかみ（e d c b a）	自己内部要求（j i h g f e d c b a）
第2ステップ	6〜4ヶ月	3	背臥位頭挙（e d c b a）	寝返り背→側（e d c b a）	両手つかみ（e d c b a）	自己内部要求
第1ステップ	3〜0ヶ月	2	垂直位保持（e d c b a）	上下肢挙上（e d c b a）	手で探る（e d c b a）	自己内部要求（j i h g f e d c b a）
第1ステップ	3〜0ヶ月	1	腹臥位頭挙（e d c b a）	身体ムズムズ（e d c b a）	手の握開（e d c b a）	自己内部要求

ステップ	月齢	キー項目	回目	姿勢（1 2 3）	移動（1 2 3）	操作（1 2 3）	コミュニケーション（1 2 3）
			領域	姿勢	移動	操作	コミュニケーション
			分野	運動・感覚			

	第1回目	第2回目	第3回目
評定日	×× 年 × 月 × 日（　）	×× 年 × 月 × 日（　）	×× 年 × 月 × 日（　）
年齢	3 歳 3 ヶ月	4 歳 10 ヶ月	5 歳 11 ヶ月

図7　MEPA-ⅡR　プロフィール表

本アセスメントは、1冊で3回評定が可能なため、プロフィール表にプロットすると（図7）、全体的な発達上の変化や分野、領域ごとの経時的な変化を視覚的に確認することができるようにつくられています。

　このように、定期的にアセスメントを実施しながら、次に応援したい発達課題を確認し、ムーブメントの実践へとつなげていきます。

CHAP TER 3 医療型児童発達支援センター 「ひだまり」のムーブメント療育

1 ムーブメント療育導入の経緯

　医療型児童発達支援センター「ひだまり」（以下、ひだまり）は、1975（昭和50）年に肢体不自由児通園施設として設立された公立の施設です。1995（平成7）年度より、療育プログラムの一環としてムーブメント療法を取り入れ、25年間にわたり親子参加型のムーブメント療育を実践してきました。

　ムーブメント療育を取り入れることにより、親の子どもへの障がいや発達特性、支援方法を理解する機会を確保するとともに、親子で楽しく遊びながら保育士、理学療法士および看護師などが一緒になって子どもの発達を支援する療育が実現できるようになりました。

2 ムーブメント療育の概要

❶ 実施の状況

　ムーブメント療育は、毎年、子どもの発達段階に応じて2ないし3グループに分けて、およそ年間7回から8回実施しています。ムーブメント療育の日は、午前中にプログラムを実施し、その後、保護者と映像を観ながらの振り返りを行う流れになっています（表1）。また職員は、子どもたちの帰園後に、再度プログラム内容の評価や子どもたちの様子の確認を行うとともに、当日の支援方法を見直す機会をもっています。

表1　ムーブメント活動日の流れ

9：00	打ち合わせ
10：00〜10：15	フリームーブメント
10：15〜11：15	親子ムーブメント
11：40〜12：40	保護者との振り返り（映像）
15：15〜16：00	職員間振り返り（映像）
16：00〜17：00	職員研修

❷ グループ別取り組みについて

　ムーブメント療育は、毎年、発達状況に応じて「バナナ」と「りんご」の2つのグループをつくり、グループごとに実施します。

　バナナグループは、運動機能がずり這いや四つ這いでの移動からつたい歩きの段階にあり、コミュニケーション面は簡単な言葉が理解でき、発語による意思表示やマカトン等のサインを用いたコミュニケーションが可能な段階にある子どもたちです。

　他方、りんごグループは、運動機能が未定頸から寝返り移動の段階、コミュニケーション面は、表情や発声、身体の動きで感情や意思を表出する段階にある子どもたちです。

　グループ分けは、年度初めにムーブメント教育・療法プログラムアセスメント（MEPA-ⅡR）を用いて各園児の発達アセスメントを実施し、そこから読み取れる子どもの姿を参考にしながら行っています。

　近年では、運動機能の発達に問題がない医療的ケア児も増えつつあり、年度によってはグループを3つに分けて実施することもあります。

　このように基本的には、グループごとに子どもたちの発達課題に応じたプログラムを作成し実践する形で行っていますが、年に一度、親子全員参加で行う全体ムーブメントを実施し、みんなで動いて遊び、楽しむ機会としています。

バナナ		りんご
ずり這い移動 〜つたい歩き	運動機能	自力移動困難 〜寝返り移動
簡単な言葉の理解 言葉やサインの活用	コミュニケーション	表情、発声、 身体の動き

図1　グループの特徴

❸ ムーブメント環境

　ムーブメント療育は、室内、野外、水中と3つの異なる環境のもつ特性を活用し、それぞれ「室

内ムーブメント」「野外ムーブメント」「水中ムーブメント」として展開しています（図2）。

　室内は、季節や天候にかかわらず、いつでも行える点や、プログラムに応じ、遊具が設定しやすいこと、光や音を活用しやすいことなどが特徴としてあげられます。

　野外は、風の流れや太陽がもたらす光と影、草木の匂い、開放感など、自然の力を感じながら、思い切り身体を動かして遊ぶプログラムが工夫できます。

　また水中環境は、水のもつ浮力、水圧、水の流れなどが全身への触刺激をもたらすと同時に、子どもたちを重力から解放してくれます。水の中では、身体を動かしやすく、浮く楽しさや動く楽しさを経験することが可能となります。

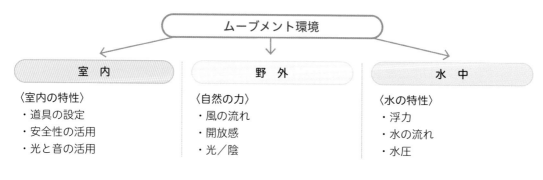

図2　ムーブメント環境と活動での特性

　室内ムーブメントは、園内にある多目的ホールにて、主に冬から初春に実施し、水中ムーブメントは7月から9月に地域の障害者用プールなどで行います。野外ムーブメントは外気温が快適な時期の5月、6月、10月に近隣の公園にて実施します。

3　ムーブメント療育の進め方

❶ プログラムづくり

　デイリープログラムは、グループ担当の保育士が作成し、遊具や環境構成等の準備も中心になって行います。プログラムには、年初に確認した子ども一人ひとりの発達課題とグループごとの課題を踏まえ、それらに適したムーブメント活動を取り入れます。

　保育士は、常に子どもたちが自ら遊びたくなる、動きたくなる心を揺さぶる遊びの環境づくりと一緒に参加する保護者や職員も楽しめるプログラムづくりをめざしています。

　表2は、りんごグループのデイリープログラム例です。プログラム表は、「ねらい」「活動」「内容・方法」「達成課題」「配慮」および「準備」で構成されています。

表2　プログラム例

名　称	第○回 りんごムーブメント デイリープログラム	実施日	11月○日（月） 10：20〜11：20	担当者	リーダー　○○
ねらい	・いろいろな色の葉っぱを見たり、触ったりする中で秋を感じる。 ・親子で一緒に触れ合う中で、身体意識の向上、動きの拡大を図る。 ・じっくりと触り、素材の違いを感じたり、自分で選択したりする。				

活　動	内容・方法	達成課題	配　慮	準　備
フリームーブメント 朝の会 体操 課題ムーブメント	好きな遊具で自由に遊ぶ 歌、呼名 りんご体操 「紅葉がりに行こう」	・心身の準備 ・期待感 ・自己意識・身体の準備	・体調の把握 ・始まる気持ちを高める	・ユランコ ・エアートランポリン ・CD
（10：20）	バスに乗って出発！ ・プレーバンドのバスに乗って、秋の山までお出かけしよう ＊お母さんの膝の上に乗り、親子でスキンシップを楽しむ ＊大きく左右に揺れる、振動を感じる	・スキンシップ ・揺れ感覚	・ゆっくり動き始める ・歌を唄いながら楽しい雰囲気をつくる	
（10：30）	紅葉がりを体験しよう！ ・スカーフをくぐると…秋の山に到着いろいろな色の葉っぱがあるよ。好きなものを取ってみよう！ ＊ビーンズバッグの葉っぱをゆっくりはがす感覚を楽しむ ＊取ったものをカゴに入れる	・手の操作 ・触覚 ・視覚・聴覚 ・目と手の協応 ・創造性（季節感）	・イメージが浮かぶようにゆっくり山に向かう ・手を操作しやすい姿勢を工夫	・スカーフ ・ユランコ ・クッションソファ2 ・ビーンズバッグ ・カゴ（人数分）
（10：45）	パラシュートで遊ぼう！ ・「くるくる（回る）」「ぱたぱた」「ぴょんぴょん（垂直に揺らす）」パラシュートでの遊び方を自分でカードを選んで遊ぼう ＊友だちと一緒に乗ってお互いを感じる	・注視 ・視覚・聴覚 ・自己選択 ・自己意識／他者意識 ・前庭感覚 ・スピード感	・ゆっくりと意思の確認 ・くり返し行うことで気づきを促す	・パラシュート 　　　　　（3m） ・選択カード
（11：05）	露天風呂でリラックスしよう！ ・足湯につかりながら上から落ちてくる色とりどりの葉っぱを見よう。 ＊どんなにおいがするかな？ ＊葉っぱが落ちてくるのを下から見上げる。身体で感じる。	・空間認知 ・触覚・温熱感覚 ・嗅覚・視覚 ・注視 ・リラックス	・温かさを言葉で確認 ・気づきを促す声かけ ・ゆっくり葉っぱを散らす	・たらい ・お湯 ・入浴剤 ・はながみの葉っぱ
（11：15）	終了			
反省				

活動は、「フリームーブメント」「朝の会」「体操」「課題ムーブメント」の順で展開します。

　課題ムーブメントは、感覚運動遊びからなる活動を2～4種類取り入れ、徐々に運動量や刺激を大きくし、最後はクールダウンして終えられるように工夫しています。

　野外ムーブメント並びに水中ムーブメントでも子どもの身体面への配慮を踏まえ、このようなプログラム展開を基本としています。（P147参照）

❷ スタッフによる打ち合せ

　当日は、朝9時から参加スタッフ（保育士、看護師、PTなど）全員が集まり、その日のプログラムのねらいと内容および各自の役割分担を確認します。

　次に、参加する子ども一人ひとりの体調の確認や、その日の遊びのねらい、遊びの場面ごとの援助方法、特に着目したいポイントなどの共通理解を図ります。

　最後に、ボランティアのビデオ撮影スタッフと活動場面ごとの撮影ポイントを確認します。

❸ プログラムの実践

1）フリームーブメント

　毎回、プログラムを作成した保育士がリーダーとなり、プログラムを展開します。最初のフリームーブメントでは、親子で自由に好きな遊具で遊びます。その間、保育士も適時遊びに加わりながら、その日の体調や最近の子どもの様子などを保護者から確認したり、普段の療育での様子を伝えたりして情報の共有を図ります。

2）朝の会・呼名

　ムーブメント療育の日も、いつもと同じように朝の会を行い、一人ひとりの名前を呼び、一緒に遊ぶ友だちの確認を行い、朝の歌をうたいます。朝の会の後、その日のプログラムのねらいと内容の概要を保護者に説明します。そうすることにより保護者が見通しをもって遊びの場面で子どもを介助することができ、また子どもの興味関心を引き出す声かけもしやすくなります。

3）体操

　課題ムーブメントに入る前に、親子でのスキンシップ体操を行い、身体の準備を整えます。子どもの発達段階に応じた内容を理学療法士等のアドバイスを基に、グループごとに作って実施しています。

　両グループ共、上肢、下肢の末端から徐々に内側に向かってタッピングしたり動かしたりする流れを基本として作成し、実施しています。

4) 課題ムーブメント

　中心となって活動を展開する保育士はリーダーとして、子どもたちのわくわくドキドキを刺激し、遊びへと導く役割を担う遊びの道先案内人です。課題ムーブメントでは、どのような活動を行うのか子どもにも保護者にもわかりやすいよう、最初にリーダー等が見本となり行います。

　感覚が弱い子どもには、遊具に触れさせたり、音を聴かせたりなど気づきやすくなるよう配慮します。また、発達状況は子ども一人ひとり異なるため、課題ムーブメントでは、個々に応じた活動ができるよう、遊具の種類や道具、仕掛けなどを複数用意し、適時試せるよう準備しておきます。

　例えばユランコやトランポリンでの揺れ遊びなども、揺れに慣れている子どもとそうでない子どもで適した刺激の大きさも異なります。個々に合わせて、表情等を見ながら丁寧に進めます。

　ムーブメントで大切なのは、子どもが主体的に動き、遊び、楽しむことです。子どもがより動きやすくなったり、身近にある遊具等の遊びの環境に気づきやすくなったりするような介助や声かけを保護者が行えるよう、保育士は一緒に遊びながら援助します。

　また、ムーブメント療育が親子参加型なのは、子どもの遊びの介助のために親が参加しているのではなく、親子で楽しく遊ぶことが目的であるため、保護者も体験してみたり、保育士が子どもを介助し、保護者と一緒に子どもが遊んだりできるよう、リーダー以外の保育士がサポートします。

❹ 映像を用いた保護者との振り返り

　保護者との振り返りは、撮影したビデオ映像を観ながら保育士が活動内容のポイントを改めて説明しつつ、場面場面で気づいた子どもの様子を保護者に伝える形式で行います。

　保護者は、子どもを介助していると子どもの表情が見られないこともあるため、ビデオにより改めて確認ができます。課題ムーブメントの中で、子どもの笑顔が見られたところや何かを感じ取っている表情、一生懸命手や足を動かそうとしている様子、提示された遊具や近くにいる友だちを意識している様子などを保護者と保育士で一緒に確認します。

　このような懇談会をもつことで、遊びの意義や子どもの発達上の変化について保護者と保育士が共通理解することが可能となります。

❺ 職員間振り返り

　通常の保育活動と同様に、ムーブメント療育でもプログラムの内容や実際に行ってみた活動の振り返りを行い、療育の質の向上をめざしています。

　反省会では、はじめにプログラムの内容、展開の速度や時間配分、環境構成（選択した遊具

やその設置の仕方）、各活動場面での保育士の援助などが適切であったかなどを振り返り、改善点を確認します。

　次に、子ども一人ひとりの様子を確認するとともに、掲げたねらいについて、保護者との振り返りで確認された内容も踏まえ、達成状況を評価し、次回への課題等を明らかにしています。

4　通常療育におけるムーブメント活動の実践

　ムーブメント療育は、療育の一環として上記で説明してきたような形で年間計画の中に位置づけ、取り組んでいます。それに加えて、ムーブメント療育としてのカリキュラム以外でも、通常の療育の中で、ムーブメント活動を取り入れています。

　それぞれのグループのプログラムの中で行った課題別の活動、例えばユランコやトランポリンを使った揺れ遊びや斜面転がり、パラシュートなどは、午後の療育でも行っています。ムーブメント療育は、回数が限られているので、そこで行った活動を療育でくり返し経験することで、子どもたちの積み重ねの支援につなげています。

5　ムーブメント療育の実践を振り返って

　これまで25年間にわたり、療育に親子参加型でのムーブメント療法を取り入れてきた中で、この療育がどのような役割を担ってきたのか、たびたび振り返ってきました。

　その振り返りから見えてきたのは、子どもの発達支援としての役割と保護者への子育て支援としての役割であり、近年では、多職種によるチーム療育としての役割も見えてきました。

❶ 子どもの発達支援としての役割

　ムーブメント活動を療育に取り入れ、積極的に動きの経験を増やしてきたことで、子どもたちの発達にどのような変化があったか、かつて行った検証結果を図3に示しました。これは、毎年定期的に実施している発達アセスメントMEPA-ⅡRを構成するアセスメント項目の「姿勢」「移動」「操作」「コミュニケーション」ごとに結果を指数化して、当時の在園児の発達状況の変化をグラフにしたものです。発達がゆっくりなりんごグループのお子さんも年々着実に発達している様子が確認できます。

　もちろんムーブメントは療育の中の一つにすぎず、日常の療育活動やリハビリテーションの

積み重ねがあってのことです。しかし、ムーブメント活動を取り入れた運動遊びの環境が、日々提供されていることも背景にあることは明らかです。

❷ 保護者への子育て支援としての役割

以前、保護者を対象にアンケート調査を行った際、「療育活動で楽しかったこと」として、6割がムーブメント活動を楽しかったとする回答でした。この結果は、保護者参加型の療育活動の中でも高い結果でした。

また、ムーブメント療育が導入されて以降の在園経験のある保護者と導入前の保護者では、「療育の中で経験したことがある運動遊び」の種類が、前者において有意に高い結果も確認されています。

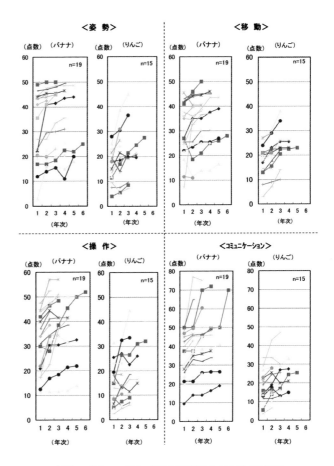

図3　グループ別、園児の発達上の年次的変化

ムーブメント療育を経験し、「以前は、公園に連れていってあげたくてもどうしていいかわからなかったけど、今は、家族で出かけていき、思いっきり遊ばせてあげることができるようになった」「園で仲良くなった家族どうしでプールにも行けるようになった」「ムーブメントでやった揺れ遊びやスキンシップ体操を家でもやっている」などの声を保護者からもたびたび聞けるようになり、子育ての一助になっていると考えられます。

一般的に、肢体不自由がある子どもに対し、どのような遊びをしたらよいかわからない、といった相談を受けることがたびたびあります。本園では、ムーブメント療育を保育士が中心となり、ムーブメント教育・療法の専門指導員（有資格者）や看護師、理学療法士等がかかわりながら保護者と一緒に行っています。

ムーブメント療育で子どもの好きな運動遊びや得意な動きを発見したり、遊びの中から興味関心を広げる手立てを保護者と一緒に考え実践したり、子どもの成長をともに喜びながら保護者の子ども理解や発達の変化を読み取る力のサポートにつなげています。

6　25年間の取り組みから──園長先生からのメッセージ

　講師（ムーブメント療法認定指導者）の先生方のお力をいただきながら、歩んできた25年間。

　定期的なムーブメント活動では「どんなプログラムがいいかな……」と職員が時に悩み、おおよそは楽しそうに企てています。そして、さまざまな遊びの引き出しから、子どもたちが楽しめる遊びを組み合わせて展開し、保護者の方とともに子どもたちの反応に一喜一憂しながら取り組んでいます。そのような中で、私たちは子どもたちからたくさんのことを教えてもらっています。

　また、日々の療育でもムーブメント療法の要素を取り入れており、子どもたちの自然な反応や動きを大事にしながら、遊具や音楽等を組み合わせ、ワクワク・ドキドキしながら楽しんでいます。

　プレーバンドを引っ張ったり、パラシュートの動きを見たり、風を浴びたり……子どもたちの笑顔が保護者や職員の笑顔につながり、みなさんの幸せにつながることを願って実践しています。

PART 2

ムーブメント療育の
実践を学ぼう

感覚運動機能を育てる
ムーブメント

　重症心身障がいや重い肢体不自由のある子どもたちは、感覚運動の初期の発達段階にいます。そのような子どもたちの感覚運動機能の発達を支援する上で、丁寧に感覚（視覚・聴覚・触覚）にはたらきかけ、自発的な動きを引き出す経験が必要となります。

　同時に、さまざまな抗重力姿勢で豊かな身体の揺れ感覚や移動感覚の経験を療育や教育で取り入れ、積み重ねていくことが発達支援に求められます。

　そこで、「CHAPTER1 感覚運動機能を育てるムーブメント」では、❶「見る」「聞く」「触る」を楽しむにおいて、感覚にはたらきかけ、自発的な動きを引き出すムーブメント例を紹介します。

　また、「❷ 身体での揺れを楽しむ」および「❸ 車いすに乗って動きを楽しむ」では、ムーブメント遊具や音楽等を活用し、さまざまな姿勢で揺れを楽しむ遊びの事例を通して、感覚と基本的な姿勢・動作・運動を育てる実践方法について説明します。

スロープを寝返りで転がろう

「見る」「聞く」「触る」を楽しむ

きれいな風鈴の音が聞こえてきたよ～

　重症心身障がいのある子どもたちの中には、視覚や聴覚、触覚等、感覚機能の発達に課題が見られることが少なくありません。脳の器質的損傷により、聴覚障害や視覚障害を有する子どももいますし、どこまで見えているのか、聞こえているのかわからなかった状態から、少しずつ感覚の扉が開くように、光や物の動き、物音に反応を示し始める子どももいます。

　触覚についても物に「触れる」「触る」経験を重ねていくことで自発的な「触れる」を育てることにつながります。

　感覚の育ちは、子どもが周囲の環境を把握したり、かかわったり、さらには環境に適応し、生活していく上で大変重要になります。また、感覚運動の発達を促す上でも、保育や療育活動の中で、丁寧に育てていく必要があります。

　ここでは、日々の保育の中で、一人ひとりの子どもの実態に応じた感覚の育ちを支える遊びを紹介します。

1 「見る」「聞く」「触る」を楽しむ

ムーブメントスカーフを使って

主な達成課題 視覚、触覚、視知覚（色）、追視、空間認知など

肌触りがやさしい、色とりどりのムーブメントスカーフ

　ムーブメントスカーフは、薄くて柔らかいナイロン製の布で作られた遊具で、広げたり、丸めたり、結んだり、形状を変えて遊びに活用することができます。赤・青・緑・黄・ピンクの5色があり、その鮮やかな色が子どもたちの目に映りやすく、適度な視覚刺激を与えてくれます。

　また、広げると透明性があるため、先が見通しやすく、目の前に広がる普段とは異なる色鮮やかな景色を楽しむことができます。さらに、肌に触れる感触もやさしいため、触覚遊びにも適しています。

　ムーブメントスカーフは、さまざまな発達課題を意図して活用できますが、ここでは、視覚や触覚を支援する遊びを紹介します。

1 ムーブメントスカーフを目で追う・触れて感じる

遊び方

❶ 揺れるスカーフを見て楽しむ

- 介助座位の子どもの顔の前でスカーフを広げ、ゆっくり左右、前後、上下に揺らす。子どもはスカーフを通して、周囲の友だちや保護者、保育士を見る。（写真1）
- スカーフを丸めて上に投げ、キャッチするなどして子どもの追視や触ろうとする動きを促す。

❷ 歌に合わせて動くスカーフを見て、聞いて楽しむ

- 子どもたちは、円形または一列になって横になる。
- 保育士がスカーフの長辺の両端を2人で持ち、「ビビディ・バビディ・ブー」などの歌に合わせ「魔法のスカーフ」に見立てて上下に揺らしながら子どもたちの間をゆっくり移動する。（写真2）
- 子どもの名前を入れた替え歌にし、呼ばれた子どもの上にやさしくスカーフを落とす。最後にスカーフを空中に投げ上げる。子どもはスカーフが落ちてくる様子を見る。

写真1　スカーフを通して周囲を見る

写真2　魔法のスカーフ

支援・配慮のポイント

- 「触れる」「触る」経験の入り口としてスカーフは軽く、薄く、触り心地が良く、握る力が弱くてもつまんで引っ張りやすい特徴があります。最初はスカーフをゆっくり、ふんわりと動かして子どもの追視を促してから簡単な手指の操作性につなげます。
- 寝転んだ子どもの頭上でスカーフをゆっくり動かし、追視を促す活動は、定頸を促したい子どもに最適です。知っている曲で保育士が子どもの名前を呼ぶことで、順番がわかる、予測することやコミュニケーションを育むことにもつながります。

2　ムーブメントスカーフに触れる・つかむ・引っ張る

● 『スカーフで「いないいないばー」』

・子どもの前で大人は顔にスカーフを被る。「いないいないばー」と言いながら子ども、もしくは大人がスカーフを引っ張って外す。くり返し行って楽しむ。

・スカーフを子どもの顔に被せる。「〇〇ちゃんいないね～」、「どこにいるかな～？」などと探しているように声をかける。
　子どもはスカーフを手でつかんで引っ張り、外そうとする。
　顔が見えたら「〇〇ちゃん見つけた！」などとやり取りを楽しむ（写真3）。

写真3　顔からムーブメントスカーフをはずす

支援・配慮のポイント

・子どもは、「いないいないばー」遊びが大好きです。スカーフ1枚で自分と外の世界が別のものに見え、色がついたスカーフを通して周囲を見る楽しさを味わえます。

・顔に被ったスカーフをつまみ、引っ張ると徐々に顔が見えてきたり、上手に落とせた瞬間「ばー」という反応がわかりやすかったりするので、何度もやろうという意欲につながります。

・操作が困難でも、大人が介助しながら一緒に引っ張っても達成感が得られます。

❶ スカーフを落とそう

・複数のスカーフを洗濯物のようにロープにかけ、保育士は子どもの手の届く高さに掲げる。

・子どもはスカーフに近づき、顔にかかる高さのスカーフをくぐったり、引っ張ったりして次々に落としていく。

❷ スカーフを触ろう、くぐろう

・複数のスカーフをのれんのようにロープに下げ、ムーブメント風景をつくる。

・スクーターボードやキャスターボード、バギーなどに乗り、スカーフのトンネルをくぐったり、スカーフの間をスカーフに触れながら移動したりする（写真4、5）。

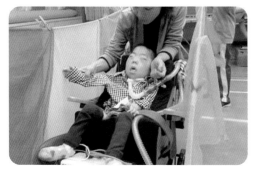

写真4　スカーフに触れながら移動

写真5　キャスターボードでスカーフくぐり

保育士
からの
メッセージ

　スカーフを1枚ずつ大人にかけていきます。腕、頭、肩……どんどん姿が見えなくなり、変化していく様子に子どもたちの注目度が上がります。

　「スカーフ人間」に変身した保育士がダンスを踊ると色とりどりのスカーフがひらひらと舞う様子に、見ようとする気持ちが促されます。みんなでスカーフを引っ張り外すと大好きな先生やお友だちが出てくる楽しさもあります。

1 「見る」「聞く」「触る」を楽しむ

風船を使って

| 主な達成課題 | 視覚、触覚、視知覚（色）、追視、空間認知など |

風船はファンタジックな世界をつくる魔法の遊具

色鮮やかな風船は、一つそこにあるだけで、その場の雰囲気を明るくし、人の心をわくわくさせてくれる魔法の力をもっています。視覚機能の発達が初期段階にある子どもにとっては、色鮮やかな風船は適度な視覚刺激を与えてくれます。また、追視を始めた子どもにとって、風船のゆっくりとした動きは目で追いやすいため、追視機能を促す上でも風船は活用したい遊具の一つです。

　風船が与えてくれる刺激は、色や形、動きなどの視覚刺激にとどまらず、柔らかい触覚や風船から出てくる空気など、触覚刺激も提供してくれます。

　ここでは、子どもが見たくなる、触りたくなるような、心と感覚にはたらきかける風船を活用した遊びを紹介します。

1 「ゴム風船」を知ろう、空気を感じよう

遊び方

・「これなーんだ？」と膨らます前の風船一つを子どもの目の前で伸ばしたり、縮めたり、手に握らせたり、匂いを嗅いだりする。

・「見てて、大きくなるよ」と言いながら、少しずつ風船を膨らませ、大きくなっていく様子を楽しむ。膨らんだら、「風が行くよ～」と子どもの顔に向けて、少しずつ風船の空気を抜いていく。2、3回くり返す（図1、2）。

・膨らませた風船を子どもの顔やお腹などに軽く押し当て、保育士が風船に口をつけて声を出して風船を振動させる。子どもはその振動を身体のさまざまな部位で感じる（図3）。

・風船で子どもの身体をタッピングしたり、子どもの両手に抱えさせたりして感触を楽しむ。

図1　ゆっくり膨らます

図2　風船の空気をかける

図3　風船を介してもしもし

※感染予防のため、空気入れを使うとよいでしょう。

支援・配慮のポイント

・視覚発達の初期段階において、色刺激の提供は効果的です。はじめは、識別しやすい赤・青・黄の三原色から始めます。

・子どもと遊ぶ風船の色を一緒に選んだりするのもよいでしょう。その際、風船を3つほど選んでおき、「○○ちゃん、どの色がいい？　赤かな？　青かな？」などと一つずつ見せ、子どもの表情から読み取ります。

・風船のもつ柔らかさや、大きさが変化する様子、空気が出てくる面白さ、独特のゴムの匂いなどを、適時声かけしたり、歌に合わせたりしながら一緒に楽しみます。
　このように風船の特性を活かし、子どもの感覚を刺激していきます。

2 紙風船ころがし

遊 び 方

- 座位保持装置に座った子どもと保育士が向かい合い、広げたスカーフの端をそれぞれ持ち合う（子どもが持てない場合は、スカーフを膝の上に乗せる）。
- 紙風船をスカーフの上に置き、子どもに向けてゆっくり転がす。「紙風船が行くよ〜」などと声かけしながら子どもの手元や膝の上に紙風船を届ける（図4）。
- 子どもの手元に届いたら、保育士はスカーフの高さを下げ、紙風船が保育士の方に転がるようにする。くり返し行う（図5）。

図4　スカーフを上げて転がす

図5　スカーフを下げて転がす

支援・配慮のポイント

- 紙風船は、ゴム風船よりも動きを調整しやすい特徴があります。子どもの気づきを促す声かけをしながらゆっくりと動かします。途中で止めたりして「あっ、止まっちゃったね〜」などと見る意識を促します。
- 紙風船を子どもに向かって転がす際、紙風船が手に触れるようにして、触覚も刺激します。
- 子どもがスカーフの端を持ったり揺らしたりすることができる際は、子どもにスカーフを動かしてもらい、「○○ちゃん、上手だね」「紙風船がころがってきたよ」などと、気づきを促す声かけをするとよいでしょう。
- 遊び終わった後、子どもの両手で紙風船を挟んだり、片手を紙風船の上に乗せるなどして、ゆっくりつぶすと音や空気の感触を楽しめます。

❶ 親子で介助座位をとり、パラシュートを持って一緒に上下に動かしたり、水平に回したりして風船を動かして遊ぶ（写真1）。

❷ 次に、子どもは床に寝転がり、複数の保育士がその上にパラシュートを広げて持ち、膨らませておいたたくさんの風船を乗せる。

❸ パラシュートを高く持ち上げたり、子どもの顔すれすれまで下げたりと上下に動かしたり、子どもに見えやすい高さで回したりする。

❹ 「いち、にの、さん」のかけ声に合わせ手を放し、一人の保育士がパラシュートを引っ張って風船を飛ばす。

写真1　みんなで風船を動かそう

写真2　お花を飛ばそう

支 援 ・ 配 慮 の ポ イ ン ト

・親子で介助座位をとり、パラシュートを持って一緒に風船を動かして遊ぶことで、さまざまな姿勢で見たり触ったり、あるいは動かしたりする力を培うことができます。

・風船の代わりに色とりどりの花紙を使うと、また異なる風景が楽しめます（写真2）。花紙で作った花や紙吹雪は、空中をゆっくりと舞い落ちてくるため目でとらえやすく、身体で感じる楽しさも経験できます。

保育士からのメッセージ

　　　風船は、ふわふわした感触や独特な弾力を使って、子どもたちとコミュニケーションをとることができる遊具です。

　ゴムやひもをつけると、その動きは変幻自在です。風船を果物に見立てて紙テープで吊るし、「プチッ」と採ることで、フルーツ狩りも楽しめます。風船の中に小豆や米を入れると視覚だけでなく、聴覚でも風船の存在をとらえることができます。鈴は外につける方がよい音がします。子ども用シーツやこいのぼりの中に風船を入れると、上に乗って遊ぶこともできます。

　風船は時間が経つとしぼみ、割れやすくなるので、音に苦手さや敏感さのある子どもがいるときは注意しましょう。

あずき（小豆）を使って

主な達成課題　触覚、聴覚、操作性（握る、つかむ）

つやつやのあずきがたくさん！

療育や保育では、昔からあずきを使った感触遊びが行われています。あずきの表面は適度に冷たく、触れたときに気づきやすいといった特徴があります。表面がつるつるしているため、感触もやさしく触覚刺激を目的とした感触遊びに適しています。

　また、つぶが、適度に固いこともあり、落とすと耳に響きやすいやさしい音がします。これらの特性を活かし、触覚や聴覚にはたらきかける遊びをさまざまに工夫していきたいものです。

　ここでは、あずきを用いた感触遊びやあずきの紡ぎだす音を楽しむ遊びを紹介します。

1 あずき（小豆）ボールで感触遊び

遊　び　方

- ボールに小分けしたあずきを用意する。
- 保育士がボールの中で子どもの手の甲や掌、腕などに声かけしながらあずきをパラパラとかける。
- 子どもが自ら手を動かし（あるいは保育士が手を添え一緒に動かし）、ボールの中であずきを探ったり、握ったり、つかんで上からパラパラと落としたりして楽しむ（写真1）。

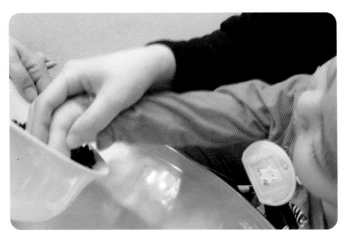

写真1　あずきの感触は？

支援・配慮のポイント

- 自ら手を動かし、物を触り探索する経験が少ないと、感覚に過敏になったり鈍くなったりすることがあります。
- だれかによって与えられる受動的な触刺激（パッシブタッチ）をくり返すことで、少しずつ触刺激への適応が促されます。
- あずきは感触遊びに適した素材ですが、最初は無理せず少しずつ触刺激を増やしていくようにします。
- 自ら手を動かしあずきに触れること（アクティブタッチ）ができる場合は、たらいのように深さや幅のある大きな容器にあずきをたくさん入れ、自由に握ったり、飛ばしたりして遊ぶ環境を用意してするとよいでしょう。

2 あずき（小豆）の音を楽しもう

遊 び 方

- 太鼓、鉄琴、木琴などの楽器と小分けしたあずきを人数分用意する（写真2～4）。
- 個々の子どもに適したポジショニング（姿勢）を工夫し、楽器を手元に置く。
- 子どもは手であずきをつまんだり、握ったりし楽器の上に落とす。
- 楽器から鳴る音に気づく、音を聴いて楽しむ。
- 楽器を交換し、異なる音を楽しむ。

写真2　太鼓

写真3　鉄琴

写真4　木琴

支援・配慮のポイント

- 太鼓や木琴などにあずきを落とすと、通常の音とはまた異なる心地よい響きが子どもの耳に届きます。音に気づきやすくするため、「どんな音がするかな？」などと、保護者や保育士が子どもの興味関心を促す声かけを行います。
- 手の操作性に課題がある場合は、保育士が子どもの手のひらにあずきを乗せたり、握らせてあげて、手が開きやすいよう手首などを介助してあげたりなど工夫をします。
- 手の中にあるものが手から離れ（触覚が消える）、音がする（聴覚刺激が起きる）といった経験は、自ら行動したことで何かが起きるという関係性を知る機会につながります。

❶ 保育士がスチールパンとあずきで、雨音を奏でます。降り始めの「ぽつぽつ」とした雨音から、「パラパラ」「ザーザー」と次第に雨音を強くしていきます（写真5）。

❷ 次に、子どもたちも順番に雨音を奏で、雨のイメージを膨らませます（写真6）。

❸ ブルーシートの上に、子どもは座位や横になった姿勢をとります。保護者は、子どもの上に透明の傘をさし、保育士が傘の上からあずきをパラパラと落とします。子どもは傘にあずきが落ちる音や降ってくるあずきを身体で感じ、楽しみます（写真7、8）。

上段左から　写真5 スチールパンで奏でる雨音　6 僕の雨音はどんな音かな？　7 耳と身体で雨を感じよう　8 レインコートにパラパラ

保育士からのメッセージ

　　自然物であるあずきは肌なじみが良いです。大人でもずっとただ触っていたい気持ちになります。直接触ってみて感触や音を楽しんだり、手、足、全身にダイナミックに浴びるなど、じっくりとお子さんの様子に合わせて楽しんでいます。豆の感触にプラスして、豆を冷やしたり温めたりして感触を味わうこともあります。じんわり温まるあずきはとても心地よいです。

　物を使って、感触だけでなく、音も楽しめます。風船に入れると振るたびに音がしたり、楽器にやさしく落ちる音は、まるで大雨みたいにダイナミックです。斜面に流すと、目で追ったり、音も同時に楽しむことができます。ポケットや服からぽろっと出てくると、「今日はたくさんあそんだね」と、あずきちゃんたちが教えてくれます。翌日「先生これ……」とあずきを渡してくださる保護者もいます。遊んだ後の心温まるシーンでもあります。

② 身体での揺れを楽しむ

主な達成課題 前庭感覚、固有感覚、筋感覚、視覚、立ち直り反応

トランポリンでパパと一緒にジャンプ

　身体の揺れ感覚をもたらすムーブメント活動は、身体の感覚刺激と結びつく動きの支援です。身体の揺れがもたらす前庭感覚刺激は、目が回るような「めまい」感覚をもたらしますが、それを快刺激として好む子どもはたくさんいます。

　よく父親が行う「たかいたかい」や「飛行機ブーン」を「もう1回」と言って何度もせがむ子どもが多いことからも明らかです。このような揺れを伴う遊びを通して、前庭感覚機能（P17参照）の向上が促され、他の感覚も活性化されることで健康は発達の基盤がつくられていきます。

　さまざまな抗重力姿勢＊や身体の揺れ感覚を経験できる代表的なムーブメント遊具に、「ユランコ」と「トランポリン」があります。これらの遊具を用いることで、姿勢保持に課題のある子どもたちでも容易に揺れを伴う活動を楽しむことができます。

　他にもバランスボードやバランスボール、ハンモックなどを用いて揺れやアンバランスな姿勢をつくって遊ぶことにより感覚運動の発達を促します。

＊抗重力姿勢とは：座位や立位など、重力に対抗する姿勢のことをいう

2 身体での揺れを楽しむ

ユランコで揺れ、移動を楽しむ

主な達成課題 前庭感覚、バランス感覚、スピード感、姿勢保持など

みんなでゆらゆら、楽しいな

感覚運動機能の発達にとって揺れ刺激は欠くことができない大事な要素です。揺れ遊びは、前庭感覚やバランス感覚を刺激し、基本的な動きの獲得を促します。とりわけ発達の初期段階にある障がいの重い子どもたちにたくさん経験させてあげたい遊びです。「ユランコ」は、ハンモックと同じような左右・前後・上下への揺れや回転が体験できる遊具です。また、乗り物のように子どもを乗せて引っ張って床を移動することもできます。介助者が持ちやすいように沢山の取っ手がついているため、安全に個々にあった揺れをつくることができます。またユランコのフックに牽引ベルトを付けると床の上を引っ張り、そり遊びをすることもできます。

1 ユランコで揺れを楽しむ

遊 び 方

- ユランコを広げ、子どもを仰向きに寝かせ、二人の介助者がユランコの四隅（子どもの頭側と足側）をそれぞれ持つ。
- 子どもに「ユランコするよ」と声をかけ、ゆっくりと上に持ち上げ、左右、上下、垂直方向に揺らしたり、回転したりして遊ぶ。その時、「いーち、にー、さーん」などと数を数えたり、子どもの好きな歌を唄いながら行う（図1、2）。

図1　左右・上下・垂直に揺らす・回転する

図2　ユランコを床の上で回転する

支援・配慮のポイント

- 基本的に子どもは揺れを好みますが、揺れることにまだ慣れていない子もいます。揺れの大きさや揺れる回数は、それぞれの子どもに合わせて適時調整します。

- 何回か揺れを楽しんだらゆっくりと止まり、床に降ろします。子どもの顔を見ながら「もう1回やりたい人？」などと声をかけ、表情や発声からやりたい気持ちや期待感を読み取って、くり返し行います（写真1、2）。

写真1　もう1回やりたい人？

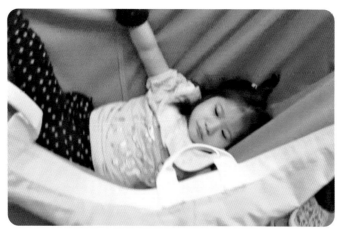

写真2　あれ、もうおしまい？

2　ユランコで移動して楽しむ

遊　び　方

・ユランコを広げ、子どもを進行方向が見えるように寝かせる。仰向きの場合は、前方が見えやすいよう頭部側を少し上げる。うつ伏せの場合は、胸の下にクッションや三角マットを使用するとよい（図3）。

・ユランコを床につけた状態で、「スタート」などと声かけしてからゆっくりと移動する。前進したり、蛇行したり、スピードを変えたりなどして動きに変化をつける（図4）。

・次に親子で介助座位をとるなど、数名の保育士でユランコを引っ張り異なる姿勢での移動を楽しむ（写真3）。

・慣れてきたら、ユランコを魔法の絨毯に見立てるなどして、空中移動する（写真4）。

図3　三角マット等でうつ伏せ姿勢をとる

図4　ユランコを床につけ前方に移動する

- ユランコの介助は、身体が大きい子や未定頸の子どもの場合など3人ないし4人で行うと移動が安定します。最初はゆっくり、徐々に刺激を高めていくとよいでしょう。
- 座位や介助座位など、姿勢を変えての移動は、姿勢保持力の促進につながります。特に親子での介助座位は、子どもも安心して移動を楽しむことができます。

写真3　ユランコに乗って出発！

写真4　魔法の絨毯で空中移動

応用編 「ムーブメント風景の中をユランコで楽しく動こう」

① 室内に見たり、触れたり、くぐったりしながら走行できるムーブメント風景を作ります（図5）。

② 「スカーフをくぐるよー」、「次は赤いスカーフをくぐります」、「カーブを曲がります」などと子どもが見たり、期待したり、また色を意識したりなど、主体的に環境にかかわりたくなる声かけを心がけるとよいでしょう。

③ 動き続けるだけではなく、途中で止まってスカーフをじっくり見たり、触ったりする機会をつくると一つの遊びの流れの中で、さまざまな経験をすることができます。

図5 ムーブメントの風景例

保育士からのメッセージ

　　ユランコの時に歌う曲を決めておくとイメージがつきやすいです。一人ひとり好きな揺れの大きさがあるので、それを見極めて行うとよいでしょう。
　　揺れが苦手な子どもは、ユランコのマットに寝るところから始めて、徐々に慣らしていっています。ユランコの感触に包まれながら、大人の抱っこで揺れる体験をするのもいいですね。

実践事例 **2**

2 身体での揺れを楽しむ

トランポリンを使って

主な達成課題 前庭感覚、固有感覚、バランス感覚、姿勢保持、リラクゼーションなど

みんなでボールにつかまって揺れる

　トランポリンは、垂直の揺れはもとより、浮遊感や振動などさまざまな種類の刺激を経験できる子どもたちが大好きな遊具です。その有効性はリハビリテーション等医療分野でも認められ、近年では多くの療育機関でトランポリンを用いた活動が実践されています。

　しかし、そんなトランポリンですが、一般的には、自分で跳んで楽しんで遊ぶものというイメージがあるようで、「障がいの重い子どもたちとは、どのように遊ぶとよいですか？」と質問されることも少なくありません。

　実は、介助者が子どもを抱っこした介助座位でも、第三者がキャンバスを揺らすことで、受ける他動的な揺れ刺激も運動負荷となることがわかっています。また、緩やかな揺れは、リラクゼーションをもたらす効果もあります（小林保子他、1996）。

　ここでは、障がいの重い子どもたちの発達支援につながる楽しい遊び方を紹介します。

1 介助座位で揺れを楽しむ

遊 び 方

- トランポリンのキャンバスの上で大人が子どもを抱き、介助座位をとる（図1）。
- 保育士等が少し離れたところで「揺らします」と声かけし、キャンバスを叩いたり、ゆっくりと足踏みしたり、垂直に跳んだりして揺らす（図2、図3）。
- 揺れは、小さい揺れから始め、表情を見ながら慣れてきたら少しずつ揺れを大きくしていく。

図1　介助座位をとる　　　図2　キャンバスをトントン叩く　図3　垂直に跳んだり、歩いたりして揺らす

支 援 ・ 配 慮 の ポ イ ン ト

- 未定頸で発達が初期段階にあり、トランポリンの経験が少ない子どもの場合は、頭部が安定するよう介助者が包み込むように抱きかかえます。
- 揺れ刺激は、抱き方（子どもと介助者の密着度）により、ある程度介助者の身体で吸収することができるので、子どもの様子に合わせて調整するとよいでしょう。
- 急に揺らすと驚かせて怖がらせてしまったり、緊張が出てしまうことがあります。キャンバスに座るだけで、床の上に座るのとは異なり、沈んだり不安定感があるなどの刺激があります。
- まずは、座ってみる、次にキャンバスをトントン叩くなどして、その音を聴いたり、小刻みな振動を身体を通して感じたりして遊ぶことから始めましょう。徐々にトランポリンの動きに慣れてきたら、揺れ刺激を変化させていきます。
- 「いーち、にー」などと数を数えたり、子どもの好きな歌を唄いながら行うと、揺れに遊びの要素が加わり、楽しい揺れ遊びになります。

2 さまざまな姿勢で揺れを楽しむ

遊　び　方

- 臥位や座位、四つ這い位、立位などの異なる姿勢でのトランポリンの揺れを楽しむ。
- 姿勢がとりやすいよう、臥位では三角マットを使ったり（図4）、座位では保育士と向かい合って手をつないだり（図5）、介助立位をとったりしながら行う（図6）。
- 子どもたちが数人一緒にぶつからない位置に姿勢をとり、補助の保育士が様子を見ながら揺らす。

図4　三角マットを使って

図5　向い合って手をつないで

図6　背部からの支持立位で

支援・配慮のポイント

- 揺れは、立ち直り反応や体幹、骨や筋の強化の促進につながります。個々の課題に応じた姿勢をとり、姿勢保持を援助したりします。
- 横になった姿勢での揺れは、全身がキャンバスに接しているため、全身に刺激が加わります。
- 最初は、キャンバスを揺らさず子どもを横にします。次に保育士がキャンバスを手で押して小さい揺れから始め、徐々に大きく揺らします。慣れてきたら保育士が座位のまま身体を弾ませて揺れをつくるとよいでしょう（写真2）。
- 呼吸器を使用している場合は、気管切開部や呼吸器そのものに振動を与えないよう配慮します（写真3）。

写真2　友だちと一緒にゆらゆら

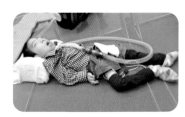
写真3　背臥位で小さな揺れを感じる

応用編　「トランポリンをさらに楽しむ工夫」

❶ 保育士や保護者が傘を持ちながらトランポリンを揺らします。子どもは頭上のきれいな傘に気づき、見ようとし、自然に身体を保持しバランスをとろうとします（写真4）。頭上にスカーフやパラシュートを広げても子どものわくわく感と行動が促されます。

❷ トランポリンの縁やキャンバスの下が、キラキラ光るファンタジーな空間をつくります。こうすることで、子どもたちが遊園地の乗り物で遊んでいるような雰囲気で、揺れを楽しむことができます（写真5）。

❸ 「カエルさんになってみよう」「ウサギさんになってみよう」など、トランポリンの上で動物になった気持ちで跳んだり撥ねたり、ロケットになって「3、2、1、発射〜」と、大きく跳んでみたりなどの見立て遊びも子どもたちの「揺れ」のイメージを広げます

写真4　揺れながら傘を見上げる

写真5　光も揺れてるよ

保育士
からの
メッセージ

　　　大人数でトランポリンに乗るときは、お友だちの足が頭にぶつからないよう、頭の向きをそろえましょう。揺らしてから「ストップ」の声かけとともに揺れを止め、子どもの反応を見ます。くり返し行うことで反応が出やすくなります。
　　　跳ぶ介助をする大人は、足への負担が大きいので交代で行うことも大切です。

3 車いすに乗って動きを楽しむ

　身体機能の発達に課題のある子どもたちは、日常生活において車いすやバギー型車いす（以下、車いす）を移動の手段として使用しています。ここではそのような車いすを遊具として活用します。

　移動手段として使用する際、車いすを操作する人は路面のでこぼこや段差を避けて、ガタガタとした刺激が伝わらないように心がけていることでしょう。

　しかし、遊具として用いる場合は異なります。あえてスピードを上げたり、下げたりしながら車いすを押したり、グルリと回転してみたり、後ろ歩きに移動してみたり、普段はなかなか経験しない動きを楽しみます。

　ここでは、音や指示に合わせて動いたり、ダンスを踊ったりなど、車いすを活用した多様な動きを経験できる感覚運動の支援にぴったりな遊びを紹介します。

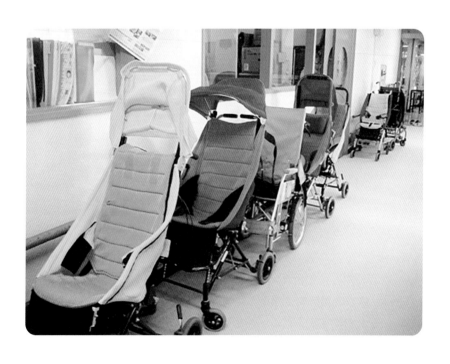

実践事例 1

3 車いすに乗って動きを楽しむ

音や指示に合わせて動く

主な達成課題 前庭感覚、固有感覚、聴覚、聴知覚、聴覚と動きの連動

「中央に集まりまーす」のかけ声に合わせて移動

聴覚機能は胎児期から備わっていますが、新生児の頃は、脳の中での聴覚情報の処理が未発達なため、音に対する反応がなかったりします。それが生後数か月経つと音がした方を見たり、首を向けたりと音への反応が動きを伴って現れるようになり、徐々に聞こえているもの、すなわち、人の声や歌などを認識できるようになります。

　この時期の子どもは、曲や歌など、音楽に合わせて身体を動かすリズム遊びやお遊戯を好んで行います。ここでは、車いすに乗って音や指示に合わせて動いたり、止まったり、ゆっくりまたは速く動いたりして楽しく遊ぶ、「車いすムーブメント」の方法を提案します。

　車いすに乗って音に合わせながら自由に動くことで、聴覚と動きの連動や変化ある動きへの身体の調整力、周囲の環境を把握する力などを育てます。

1 曲に合わせて動いて楽しむ

遊び方

- ピアノやキーボードなど、自由に曲の流れや速度を変えられる音源を用意する。
- 子どもは車いすに乗り、保護者あるいは保育士が車いすの介助につく。
- 「音をよく聞いて、曲のテンポに合わせて動きましょう」と説明し、「音楽スタート」のかけ声とともに演奏を始め、動き出す。
- 最初は、普通のテンポで動き、徐々にテンポを変え、動きを変化させる。途中で突然曲を止め、子どもたちも動きを止めたか確認しながら「止まれた人？」「みなさん、よく曲が止まったのを聞いていましたね」などと行動を確認し、演奏を再開する（写真1）。

写真1　曲のテンポに合わせ移動する

支援・配慮のポイント

- 曲のテンポは、徐々に変化させ、普段の車いすの移動では経験しない速度での移動や動きの変化を楽しめるように工夫します。
- 慣れてきたら突然曲を止め、子どもたちも動きを止めたか、表情などを見ながら行動を確認する声かけをします。曲の続きから演奏を再開し、一曲を終えたり、くり返したりして動と静の変化への気づきを促します。
- 曲の途中で「今度は前を向いたまま後ろに移動します」「前に移動します」など、前に進んだり、後ろに進んだりする移動感覚も楽しみます。

2 指示を聞き、行動して楽しむ

遊 び 方

- 1と同様に曲に合わせながら行進する。
- 曲を止め、保育士が「お友だちと2人組になれ〜」などと指示し、近くの友だち同士でペアになったり、3人組になったりする。
- 次に、保育士が床の上に赤、青、黄色のフープを3ないし4つずつ間をあけて置く。「今度は、曲が止まったら、指示したところに集まります」と伝え、曲とともに行進を始める。
- 曲を止め、「青のフープのところに集まれ〜」「好きな色のフープに集まれ〜」などと指示し、子どもたちは、それを聞いて該当するフープを探して移動する(図1)。

図1　好きな色のフープに集まれ〜

支 援 ・ 配 慮 の ポ イ ン ト

- 2人1組になる、3人1組になるなど「集まる」ことで、友だち(他者)の存在を意識する機会となります。向かい合って「こんにちは〜」などと挨拶したり、一緒になった友だちの名前を発表してもらったりしながら、展開するのもよいでしょう。
- 指示の理解が難しい子どもの場合でも、保護者に「お子さんと相談して選んでくださいね」などと声かけし、保護者と子どもとのやりとりを促します。
- 前へ、後ろへなどは、実際に動くこと(加速度)で方向性への気づきにつながります。日常では、車いすでなかなか後ろ向きに動くことはありません。遊びの中で楽しみながら移動感覚を体験したいものです。

❶ 風が吹いてきたよ～

　曲に合わせて車いすで移動します。リーダーが「あれーみんな、強い風が吹いてきましたよ～」と声かけすると、補助の保育士2名がスズランテープで見立てた風を子どもたちに向かって吹かせます。スズランテープの風が自分たちに向かって近づいてくるのを感じたり、身体に触れて通り過ぎるのを感じたりします（写真2）。

❷ パラシュートの下で雨宿り

　風が止み、再び曲に合わせて移動しているところで曲を止めます。「ソ」等の音で雨がポツリ、ポツリと落ちてくる音を表現し、「あれ？　雨が降ってきましたよ」と説明します。徐々に雨脚（音）を強くしていき、補助の保育士がパラシュートを広げます。リーダーは「みんな、雨に濡れないようにパラシュートの下に集まれ～」と声かけし、子どもたちは急いでパラシュートの下に移動します。雨をイメージし、狭い空間に集まるわくわく感を楽しみます（写真3）。

写真2　風が吹いてきたよ～　　　　　　　　写真3　パラシュートの下で雨宿り

保育士からのメッセージ

　　　長いロープにスカーフを結んで、のれんのように下げて道をつくると、メルヘンな世界の散歩道が楽しめます。

　　　向かい合わせになり、近づいたり離れたりすることで、子ども同士が顔を近づける楽しさを味わうことができます。

　　　「ちょうちょ」の歌に合わせ、ちょうちょのお面をつけ、自由に動き、「○○にとまれ」で、人や物の場所に集まる遊びも面白いです。「ぶんぶんぶん」「ぞうさん」など、曲調を変えることで、「はやい」「ゆっくり」など速度に変化をもたせてバギーを動かすと、体感による速度の理解にもつながります。

3 車いすに乗って動きを楽しむ

車いすダンス

| 主な達成課題 | 前庭感覚、固有感覚、リズム感覚、創造性 |

レッツダンス！

普段は子どもたちが移動の手段として使用している車いす。この車いすに乗って、曲に合わせて楽しむことができるダンスを紹介します。

「車いすダンス」と聞くと社交ダンスのような競技的で激しいイメージがあるかもしれませんが、それとは異なります。ここで紹介するのは、子どもが保護者や保育士等と一緒に曲や歌に合わせて緩やかな揺れや流れるようなターンを楽しむことができるダンスです。

揺れや加速度による前庭覚刺激やスキンシップなど感覚運動遊びの要素も無理なく取り入れることができ、リズムに乗って車いすを押す側の介助者と子ども両者が楽しめます。次に通常の療育活動や運動遊び、運動会などのイベントで実践している3例を詳しく紹介します。

> 手順・振り付けと楽譜の見方
>
> 　手順・振り付けでは、車いすやバギーでの動き方を説明しています。それぞれの曲の簡単な楽譜を用意しました。歌詞の部分に、振りの番号（①、②など）と簡単な振りの説明を入れてあります。

1 スケーターズ・ワルツ

　スケーターズ・ワルツ（ワルト・トイフェル作曲）は、3拍子で刻むワルツです（楽譜で示したA、B部分の振り付けです）。ゆっくりしたテンポに合わせ子どものバギーを大人が後ろから押し、左斜め前、右斜め前に進んだり、反時計回りに1回転したりして動きを楽しみます。振り付けのパターンは3つのみなので、大変簡単です。

手順・振り付け

・スタート位置に2人ずつ横に並んで立つ（図1）。

　保護者（スタッフ）は車いすの子どもの後ろに立ち、介助グリップを握って用意する。

・イントロとして3-4段（9-16小節）を演奏し、これを聞いて準備する。

❶ 斜め左前方へ車いすを押して移動する（楽譜①1小節3拍）（図2）
❷ 斜め右前方へ車いすを押して移動する（楽譜②2小節3拍）（図3）
❸ 車いすを押しながら反時計回りに1回転し元の位置へ戻る（楽譜③3、4小節6拍）（図4）
＊❶〜❸をくり返す

図1　　　　　　図2　　　　　　図3　　　　　　図4

工　夫

・全員が横一列になって踊ります。両隣を意識しながらみんなで踊る楽しさが味わえます。
・縦2列になって、①〜③の振りが終わったら、次の組が続いて踊りだし、順番に前の人を意識しながら行進するように踊ります。

スケーターズ・ワルツ

作曲 ワルト・トイフェル
編曲 花岡純子

ビギナーズ編 「はじめは　ゆっくり動く」

　車いすでの移動に慣れていない子どもの場合は、よりゆっくり動きます。一つの振り付けを倍の長さで行います。

❶ 1－2小節6拍で、左斜め前に移動

❷ 次の3－4小節6拍で、右斜め前に移動

❸ 次の5－8小節12拍で、反時計回りに回転して次の場所へ

＊❶～❸をくり返す

（遊び方）

振り付けを変えたり、曲を変えて踊ったりなど、以下のようなバージョンで踊ることもできます。

❶慣れてきたら子どもの様子を見て楽譜のBの部分の振り付けを変えて踊る。

❷くり返しの後、パートナーをチェンジして踊る。

❸グループみんなで踊る楽しさをより経験できるよう、大きな輪になって時計回りに移動しながら踊る。

❹同じ振りで曲を変えて踊る。「いつか王子様が」「ララルー」「森へ行きましょう」（ポーランド民謡）「ノクターン」op.9-2ショパン作曲、「愛の夢第3番」ショパン作曲など。

（支援・配慮のポイント）

・前後への揺れ刺激や回転は前庭感覚への刺激をもたらします。スケートをしているように、流れるような動きを心がけましょう。

・子どもがまだバギー等を使い始めたばかりの頃は、揺れや振動に慣れていない可能性もあるので、ゆっくりしたテンポから始めるとよいでしょう。

・揺れ刺激に慣れてきたら子どもの表情を確認しながら、徐々にテンポをあげたり、前後や回転の動きを大きくする、動きにキレをもたせメリハリをつける、振りを発展させたりするなども、発達を支援する上で効果的です。

・縦に並んでのダンスは、子ども達の視野に前で踊る人の姿が入ります。見ようとする気持ちや頭部を上げようとする気持ちを促します。

保育士からのメッセージ

　冬のムーブメントで、ピアノ演奏に合わせて踊りたいダンスです。実際のスケートリンクの氷の上を滑るように移動します。バギーを後ろに引くときは、遠心力もかかり、慣れていないお子さんもいるので、ゆっくり練習してから行うとよいでしょう。

2 コロブチカ

曲紹介・遊び方

　なつかしい学校フォークソングで有名なロシアの曲で、だれもが一度は耳にしたことがあるでしょう。短調で少し物悲しい雰囲気をもつ曲ですが、初対面の親子の顔合わせの時などにも楽しく触れ合える振り付けを工夫しました。

コロブチカ

曲　ロシア
編曲　花岡純子

準備　　　　　　　　　　　　①輪の中央に進む　　　（①の続き）　　ヘイ

②後ろ向きで元の位置まで戻る　（②の続き）　ヘイ　③右回りにゆっくり回転する　（③の続き）

（③の続き）　　　　　（③の続き）　　ヘイ　④子どもの前に立ち対面　⑤子どもの膝を2回タッチ

⑥拍手しながら左隣りの子どもの後ろへ移動　（⑥続き）　　ヘイ　⑦ゆっくり前輪を上げて終了

・みんなで大きな輪になり、子どもが輪の内側を向くようにする
・イントロは1-2小節で準備する

❶ 輪の中央へ進み、最後の１拍で「ヘイ」のかけ声とともに片足のつま先を床につけ、トンする（楽譜①3-4小節）（写真1）

写真1　中央へ進む

❷ 後ろ向きで元の位置まで戻り、最後の１拍で「ヘイ」のかけ声とともに片足のつま先を床につけ、トンする（楽譜②5-6小節８拍）（写真2）

写真2　後ろ向きで戻る

❸ 小さい円を描くように右回りで１回転する（楽譜③7-10小節16拍）（写真3）

写真3　小さく１回転

❹ バギーの後ろから子どもの前に移動し対面する（楽譜④11小節４拍）（写真4）

写真4　子どもの前に移動

❺「○○ちゃん」と名前を呼びながら子どもの膝を２回タッチする（楽譜⑤12小節）（写真5）

写真5　膝を２回タッチ

❻手を叩きながら（7回）、大人は左隣りの子どもの後ろに移動し、最後の１拍で「ヘイ」と声を出す（楽譜⑥13-14小節）（写真6）

＊新しいペアで、リピート記号の部分❶〜❻をくり返す（ほどよい回数をくり返す）

❼「セーノ」の合図でバギーの後輪を軸にグリップを押し下げ、前輪を上げポーズ。（楽譜⑦15小節）。Coda（コーダ）部分はピアノ演奏をゆっくり、最後の音はトレモロで長く伸ばし終了する

写真6　左隣りの子へ移動

工　夫

・このバギーダンスは親子参加型の園行事で定番のように取り入れています。初めてバギーダンスに挑戦する保護者にも、わかりやすい振り付けにしているため好評です。
・このダンスでは、揺れ刺激を楽しむとともに、大人と子どもが対面してお互いを認識し、スキンシップが楽しめます。

ビギナーズ編　「最初はゆっくりと少しずつ傾けよう」

・子どもが場所や他者とのかかわりに慣れていない場合は、パートナーチェンジは行わず、慣れてきたらパートナーチェンジを取り入れます。
・最後のCoda（コーダ）15小節目で前輪を上げるポーズは、無理して取り入れなくてもよいでしょう。最初は、「セーノ」のかけ声とともにゆっくりと少しずつ傾け、元の姿勢に戻します。

慣れてきたら振り付けを変えたり、子どもも大人もポンポンを持ったりして、よりノリノリで楽しく踊る工夫をします。

❶ ❸でゆっくり1回転するのを2倍速で右回りに1回（2小節）、左回りで1回（2小節）と2回転に変更します。また、パートナーチェンジを1人置きに行ったり、「ヘイ」の時に上げる手にポンポンなどの飾りを持って振るなどして、視覚的にも楽しめるようにします。

❷ 「南の島のハメハメハ大王」（14小節）で踊ります。コロブチカで使用した部分は12小節からできています（イントロとコーダは除く）。「南の島のハメハメハ大王」の曲を使用する際には11-12小節の振りを倍にしてゆっくり動く、または動作の振りを一つ付け加えると他の振りは同じで楽しめます。

（ 支援・配慮のポイント ）

- バギーでの移動は、揺れや回転刺激が得られます。バギーを動かす際は、リズムに合わせメリハリをもたせるとよいでしょう。
- 子どもたちの位置は、輪の中央に向かって視界を遮らずに見通せるので、全体の様子が視覚的にとらえやすく楽しめます。
- 対面での大人と子どものスキンシップは、触覚刺激とともに相手を強く認識し、対人意識を高め、喜びを深めます。大人は子どもと向かい合う際、子どもの目線に合わせるよう少し身体をかがめ、笑顔で触れ合うことを心がけましょう。
- 何回か出てくる「ヘイ」の声かけと、片足のつま先を床につけ、トンする振りは、参加者全員の一体感を醸し出し、ダンスを大きく盛り上げます。大人は恥ずかしがらずに子どもと一緒に楽しんで動きましょう。

保育士からのメッセージ

　　　楽しい雰囲気づくりに、リーダー（保育士）やタンバリンを持った職員がポイントに立ち「ヘイ」のかけ声とともに鳴らします。こうすることで、止まるリズムがつかみやすく、また盛り上がること間違いなしです！

3 オクラホマミキサー

曲紹介・遊び方

日本で普及しているフォークダンスの一つとして知られています。親しみやすいメロディにのって、みんなで楽しく踊れる振り付けにしました。

（原曲は藁の中の七面鳥＝Turkey in the straw）

手順・振り付け

・距離を空けて向かい合って並ぶ（図1）。
・保護者は、以下の手順で車いすを操作する。
・イントロとして⑤-⑥4段目（13-16小節）を演奏し、保護者が車いすをもって両かかとを上げ下げして準備する。

❶ 右足を1歩前に出し、左足を右足の位置にそろえる。4回くり返しながら前に移動する（楽譜① 1-4小節16拍）（図2）

図1　2列に向き合い並ぶ

図2　①4歩前進

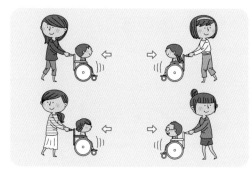

図3　②4歩後ろに下がる

図4　③斜め右前に押し戻す

❷ 右足を1歩後ろへ下げ、左足を右足の位置でそろえる。4回くり返し、元の位置まで戻る（楽譜②5-8小節16拍）（図3）

❸ 1歩斜め右前に車いすを押し出し、引き戻す動作を2回くり返す（楽譜③9-10小節8拍）（図4）

❹ 1歩斜め左前に車いすを押し出し、引き戻す動作を2回くり返す（楽譜④11-12小節8拍）（図5）

❺ 前方へ進み、対面するペアの位置へ入れ替わり、右回りで前を向く（楽譜⑤13-16小節16拍）（図6）

図5　④斜め左前に押し戻す

図6　⑤前の人と入れ替わる

　この曲は、CDを使用すると車いすで動くにはテンポが速すぎるので、ピアノで演奏することをおすすめします。動きに慣れてきて速さを楽しみたいときは、CDを活用するのもよいでしょう。

ビギナーズ編　「前方への移動を中心に」

　車いすでの移動やさまざまに動く経験が少ない子どもたちと行う際には、後ろ向きで動く部分を変更してもよいでしょう。手順・振り付け①を３回くり返した後、来た方向に向きかえり、①と同じ動作で元の位置まで戻ります。③と④の振りは２小節をゆっくり大きく１回だけ動かしましょう。その後⑤と同じ振りで続けます。

応用編　「シャッフル（位置交換）バージョン他」

（遊び方）

　オクラホマミキサーの振りで１曲踊り終えたら、踊る位置を全員でシャッフルして、再び踊ります。また、大きな輪になり、並びの形を変えてダンスするのも見える景色が異なり楽しめます。

❶ ピアノで「ちょうちょ」「ぶんぶんぶん」などの曲を弾き、ちょうやハチになって周囲を動き回る。曲の終わりで列の好きな位置につき、向かい合って並ぶ。最初から踊り始める。

❷ 大きな輪になり、輪の中心に向かって踊る。最後の位置の入れ替えの部分（手順・振り付け⑤）は、その場で小さく円を描くように１回転する。

（支援・配慮のポイント）

・大人が車いすを押す際、１歩出して両足をそろえてから移動することで、その都度、車いすの動きも止まります。動と静のメリハリが感じられる経験になります。

・車いすが後ろに引っ張られる経験は、日常的に多くはないので、スリリング感が楽しめます。最初は、驚かないように「後ろに行きまーす」などと声かけするとよいでしょう。

・このダンスの面白さは、向かい合った友だちとの距離が１歩、２歩と動くたびに、近づいたり離れていったりするところにあります。お互いを意識する声かけや離れていく際などはバイバイなどの動作を取り入れるとイメージがつきやすくなり、他者への意識を促すことにつながります。

（曲紹介・遊び方）

　同じオクラホマミキサーで、親子がスキンシップしながら楽しめる振り付けにしました。途中、保護者が移動することで子どもたちは他の子どもの保護者ともスキンシップができます。

（手順・振り付け）

・みんなで大きな輪になる。車いすの子どもが円の内側を向き、保護者は子どもに向き合って立つ、または子どもの目線に合わせてかがむ（図1）。

・イントロとして❺-❻4段目（13-16小節）を演奏し、子どもに声かけと挨拶をして始まりを待つ。

図1

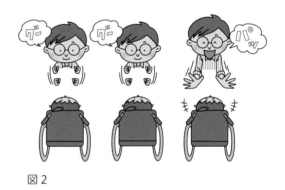

❶ 対面している子どもの顔の前で、両手でグーをつくり、2回上下に動かしてから子どもの顔に近づけてパッで手を開く。これを4セットくり返す。（楽譜①1-4小節16拍）（図2）。

図2

❷ 対面している子どもの手をギュ、ギュと3回握り、パッで離す。4セットくり返す。（楽譜②5-8小節16拍）（図3）。

図3

❸ 「あ・た・ま」のかけ声とともに、子どもの
　頭を軽く3回タッチする。2セットくり返
　す（楽譜③9-10小節8拍）（図4）。

図4

❹ 「かー・た（肩）」のかけ声とともに、子ど
　もの肩を軽く3回タッチする。2セットくり
　返す（楽譜④11-12小節8拍）（図5）。

肩タッチ

図5

❺ 「ひー・ざ（膝）」のかけ声とともに、子ど
　もの膝を軽く3回タッチする。2セットく
　り返す（楽譜⑤13-14小節8拍）（図6）。

ひざタッチ

図6

❻ 「あー・し（足）」のかけ声とともに、子ど
　もの足を軽く3回タッチする。2セットく
　り返す（楽譜⑥15-16小節8拍）（図7）。

足タッチ

図7

❼ ❻が終わったら、保護者は時計回りで隣り
　の子どもの前に素早く移動し、❶の動きに
　移り、❶〜❼を何回かくり返す（図8）。

図8

〔 支援・配慮のポイント 〕

・**❶**で保護者がグー・グー・パッを行う際には、子どもの目の高さに合わせて見えるように
　動かすよう、事前に伝えておくことが大切です。

・保護者が子どもの身体に触れる際には、やさしく手で包み込みつつ、少し圧がかかるよう
　にすると感覚が弱い子どもにも刺激が入りやすくなります。

・時計回りに保護者が交代していくことで、子どもたちの中にはドキドキする子もいるかも
　しれませんが、それも大事な経験です。それ以上に、保護者も他の子どもたちに楽しく触れ、
　かかわる機会となります。

まずは、基本のステップを覚えましょう。カウントをとりながらしっか
り身体で覚えると、いろいろアレンジできるステップとなっています。
　ただバギーを押すのではなく、大人も音楽にのるように、身体を左右に
揺らしながら前進、後退などすると、向かいにいる子どもたちが見ても楽
しい雰囲気を味わえます。

身体意識を育てる
ムーブメント

　身体意識とは、自分自身の身体の気づきやイメージをもつことであり、心身の発達に重要な役割があります。その身体意識が育つためには、物を手に取り、触れて遊んだり、フロアを全身で転がったり、回転したり、空間を潜り抜けたりすることができる遊具を使ったムーブメントが効果的です。とりわけ重症心身障がいや重い肢体不自由のある子どもたちに対しては、身体像（イメージ）の形成を促したいものです。

　そこで、ここでは身体像と身体概念の育ちに視点をおいたスキンシップ体操や、身体図式の育ちに視点をおいたビーンズバッグを使った遊び、さらにその後の空間認知につながる身体意識を育てる、くぐって遊ぶムーブメントの実践例を紹介します。

なんだろう？　背中がくすぐったいな

1 身体像・身体概念の育ちを 支える遊び

（主なねらい）触る、触られることに慣れる。身体の存在（部位）を意識する。身体を
感じて楽しむ。

触覚（触る、触られる）経験は、身体像や身体概念の形成につながる経験になります。集
団保育や療育に入ったばかりの頃の子どもは、両親以外に触れられる経験が少なく、触られ
ることに慣れていない子どももいたりします。

そのような場合は、身体意識の育ちにつながる第一歩として、「親子でのスキンシップ体操」
から始めてみるとよいでしょう。体操を通じて身近な人に触れることに慣れることや触られ
て身体を感じ、感覚を知る経験につなげます。

歌や保育士や保護者の声かけに合わせて楽しく、身体のさまざまな部位をなでたり、タッ
ピングしたりしながら遊びます。

ピアノに合わせて体操しよう！

実践事例 1　1　身体像・身体概念の育ちを支える遊び

親子スキンシップ体操

1 りんごムーブメント体操

手　順

・保護者と向き合うように子どもは仰向けになる（写真1）。

・ゆっくりとしたテンポの曲を選ぶ。

・保育士の指示に合わせ、保護者は子どもの身体の各部位をやさしくほぐしていく（①〜⑥）。

❶ 子どもの片手を両手で包んで握ったり緩めたりする（写真2）。

❷ 片手で手首を持ち、反対の手で指の先をつまんでくるくる回し「シュー」と上に引っ張って手を放す（各指）。

❸ 手首のストレッチ、腕曲げ、伸ばしをし、腕を伸ばして上にあげる。

❹ 足で①〜③と同様のことを行う（写真3）。

❺ 頭、顔、肩と足に向かって両手でやさしくタッチする。

❻ うつ伏せになり、肩、背中、尻、足をやさしくなでる（写真4）。

写真1　りんご体操始まるよ♪

写真2　手を「ギューッ、パッ」

写真3　足の膝を曲げます

写真4　うつ伏せで背中すりすり

支援・配慮のポイント

- 体操は身体への負担を考え、手足の末端部（小さい筋肉）から始め、徐々に中央部（大きい筋肉）へと展開していきます。
- 手足の緊張が強い場合は、無理して伸ばしたりせず、さすったりして緩めるように行います。

2　ぶどうムーブメント体操

手　順

- 輪になって座り、保護者は子どもを後ろから抱え膝の上に乗せる。
- 「ぶどうつぶつぶ」（作詞：菊地政隆、作曲：よしざわたかゆき　歌：まあせんせい）の曲をかける。
- 保育士は歌詞に合わせ体操の動きを指示し（❶〜❻）、保護者は指示に合わせて子どもの身体の各部位をやさしくほぐしていく。

❶ 準備：歌の開始まで足を軽く動かしながら待つ。
❷ 「つぶつぶつぶつぶ」の歌詞で子どもの足、胴、肩、手を軽く叩く（写真1）。
❸ 「早くしないとはじけちゃう」の歌詞で頬をやさしく押さえる（写真2）。
❹ 「きょうはぶどうの……」の歌詞で片手を頭の上にあげ、反対の手もあげ万歳の格好で左右にゆっくり揺れる（写真3）。
❺ 「はやくむきむき……」の歌詞で糸巻きのように子どもの両手をグルグル回し、子ども

の身体を小さく丸めギューと抱える（写真4）。

❻ 子どもの脇を支え、膝の上で上下にバウンドする（写真5）。間奏で①に戻り、くり返す

写真1　全身をタッピング

写真2　ほっぺを触る

写真3　両手あげてゆらゆら

写真4　両手ぐるぐる糸巻き

写真5　膝の上でジャンプ

支援・配慮のポイント

これは、元気よく楽しく身体を目覚めさせる体操です。「つぶつぶつぶ…」の歌詞に合わせて大人がタッピングする際は、指先や手のひらで触ったり、力加減を変えたりしながら、子どもが喜ぶ身体の部位を見つけつつ、楽しみながら刺激するとよいでしょう。

3 「すしまきまき」ラップバージョン

手　順

・子どもは仰向けになり、保護者は子どもの足側から向き合って座る。

・保護者はラップ調で歌いかけながら、子どもとスキンシップ体操をする。

❶ 歌詞：「何を巻こうか のせようか♪」

　　振り：保護者は手拍子をする（写真1）

❷ 歌詞：「ちらしずし・にぎりずし・マキマキマキマキ・てまきずし♪」

　　振り：ちらしずし→子どもの全身をトントンとタッピングする

　　にぎりずし→両手を握る

　　マキマキマキマキ→両足をもち膝をお腹の方に近づける（写真2）

　　てまきずし→子どもの身体の位置を縦から横に変える（写真3）

❸ 歌詞：「かっぱに なっとう 鉄火巻」（2回くり返す）

　　振り：コロコロ前後に押したり引いたり（写真4）

　　＊2回目の "鉄火巻" で子どもをうつ伏せにする

❹ 歌詞：「やっぱり 大好き たまごやき」

　　振り：子どもを抱っこし、"たまごやき" でぎゅっと抱きしめる（写真5）

❺ 歌詞：「しょうゆをトローン・わさびがツーン」

　　振り：しょうゆをトローン→腕をこする

　　わさびがツーン→身体をつんつんと突っつく（写真6）

写真1　「何をまこうか…」手拍子

写真2　「手巻き寿司」両足をあげる

写真3　位置を変える

写真4　「かっぱに…」両手でコロコロ

⑥ 歌詞：「お寿司ができたよ・いただきます」

　振り：お寿司ができたよ→膝にのせ、抱っこする

　いただきます→手で子どものお腹をむしゃむしゃ食べるようになでる

⑦ 歌詞：「あがりあがり・ヘイ　オアイソ」

　振り：両手で大人の頭上に抱き上げる（写真7）

写真5　抱っこして、抱きしめる　　写真6「わさび…」指先で突っつく　　写真7　「あがりあがり」上に　　抱き上げる

支援・配慮のポイント

・お寿司屋さんのネタや小道具、動きをユーモラスに身体で楽しく体感できるように保育士が考案した体操です。ラップ調のリズムが子どもの身体に伝わるように楽しくスキンシップをとりましょう。つんつんと突っつくときには、反応を見ながら、子どもがくすぐったがるくらい刺激してみましょう。

・⑦の最後の部分で子どもを抱え上げるのが難しい場合は、子どもを上下、あるいは左右に揺らす、あるいは抱っこしたまま親子で後ろにコロンとひっくり返るなど、親子で無理なく楽しめるように内容を変更します。

保育士からのメッセージ

　　りんご体操とぶどう体操はムーブメント用の準備体操として理学療法士の助言を受けてつくりました。りんご体操は、横になった姿勢で、ぶどう体操は、介助座位で行うバージョンで、それぞれ楽しめます。CDを使ってもいいですが、ピアノに合わせると動きを音でイメージしやすくなります。お子さんの表情を見て、コミュニケーションをとりながら行いましょう。しっかり触ってあげた方が身体意識を感じやすいお子さんもいます。

② 身体図式の育ちに視点をおいた遊び

（**主なねらい**）片手や両手で物を持つ、持ち替える。物を手で動かす、運ぶ。

　生活する上で人や物にぶつからないように移動したり、座ったり立ったりすることができるようになるためには身体図式の形成が必要です。その身体図式が育つためには、さまざまな方向への揺れ刺激に対し、バランスをとる経験に加え、自身で動いて物に触れ、手で握ったり、片手や両手で持ったり持ち替えたり、運んだりする経験の積み重ねが大事になります。

　ここでは、身体図式の育ちを促す遊びについて、ムーブメント遊具のビーンズバッグを使った実践例を紹介します。

　実践事例①は、ビーンズバッグの適度な重さや素材感を活かして触って楽しんだり、身体のさまざまな部位に乗せたり、落としたりして楽しむ遊びです。

　実践事例②および応用編は、的を使ってビーンズバッグをくっつける・はがすなど、姿勢を維持しながら片手、両手を使ったり、正中線を交差して動いたりなど身体の左右性やラテラリティ（優位性）、方向性など身体図式と関連する能力の支援につながる遊びです。

ビーンズバッグ

（**ビーンズバッグとは**）

　「お手玉」のように、布の中にプラスチック球が入っている知覚要素などを取り入れた運動遊具。形は丸、四角、三角、色は白、赤、青、黄、緑の5色があり、形や重さ、色の違いなどを利用して色、形、数の概念形成などを意図したさまざまな活動を展開することもできる。

　付属品にビーンズバッグをつけたりはがしたり、投げて遊ぶことができる的がある。的にはマジックテープがついていて、数字も施されている。

2 身体図式の育ちに視点をおいた遊び

ビーンズバッグ

1 触る・身体に乗せて楽しむ

遊　び　方

❶ 感触、色、形を探索する

・保育士は「好きなのを一つ取ってください」などと声かけしながら、ビーンズバッグを見せる。子どもは一つ選んで手に取り、手触りや重さ、色、形を一緒に確認して楽しむ。

❷ 身体に乗せて楽しむ

・「肩の上に乗せられるかな？」など声かけしながら保育士が見本を示し、子どもたちが乗せられたら、10数える間、落とさないように動きを止める。順番に子どもにどこに乗せるか指定してもらい、くり返し遊ぶ（写真1）。

写真1　肩に乗せバランスを保つ

❸ 身体の上のビーンズバッグを落として遊ぶ

・友だちの身体の上にビーンズバッグを乗せる。乗せてもらった子は、保育士のかけ声などに合わせ、身体を動かしてビーンズバッグを落とす。順番に一人ひとり行う（写真2）。

写真2　上手く落とせるかな？

支援・配慮のポイント

・身体の部位が意識できるよう「肩に乗せよう」と話しかけながら子どもの肩を手で触ってからビーンズバッグを乗せます。いろいろな身体部位（頭・肩・手・足など）に乗せることで、身体部位の名前と場所がわかるようにくり返します。これにより身体概念の形成を支援します。

・ずり這いや四つ這い、歩行などの移動が可能な子どもとは、頭や肩、背中にビーンズバッグを乗せたまま移動して楽しむのもよいでしょう。姿勢の保持やバランス感覚、身体意識の向上につながります。

2　くっつける・はがす

遊　び　方

❶ 的につける、はがす

・子どもの近くに的を持っていき、周辺の床にビーンズバッグを散らしておく。子どもはビーンズバッグを拾い、的にくっつけるのを楽しむ。

写真3　的につける、はずす

- 的を垂直のホワイトボードや壁、床やクッションなどに固定して行う。子どもが目と手を協応して操作しやすいよう、個々に合わせ保育士が姿勢を介助する（写真3、写真4）。

② **はがす、バスケットに入れる**
- 的につけた後、はがして箱やバスケットなどに入れる。はがした数をみんなで数えたり、色ごとに分けたりと遊びを発展していく。

写真4　クッションに的をつける

支援・配慮のポイント

- 自発的な動きが少ない子どもと行う場合は、子どもの目前まで的を持っていき、介助者は子どもの手にビーンズバッグを握らせて「どこにつけようか」など声かけしながら一緒につけたり、はずしたり感触を楽しむとよいでしょう。
- マジックテープからはがす動作の方が力を必要とします。つまむ、引っ張る力が弱い場合は、保育士がはがれやすそうなものを指さし「これ、とれるかな？」と声かけするのもよいでしょう。また、子どもが操作しやすくなるような姿勢の介助や腕の指示を行うことで、子どもが自らの手で「とる」ことができ、その達成感が得られるよう応援します。

❶ 並べる・重ねる・形をつくる

　色別に並べて道をつくる。たくさん重ねて山をつくる。ロープの道の外側に色や形別に並べたり、お花畑や建物等として配置したりなど、子どもたちが自由に想像しながらムーブメント風景をつくります（写真5、写真6）。

❷ さまざまな物に見立てて遊ぼう

　野菜や果物、クリスマスツリー、紅葉狩り、パンや切符など、いろいろな物に見立てる。姿勢を保持しつつ、片手や両手でとったり、つけたり、だれかに渡したり、受け取ったりしながらイメージして遊ぶ（写真7）。

写真5　道をつくろう　　　　　写真6　重ねて山づくり　　　　写真7　ツリーづくり

保育士からのメッセージ

　ビーンズバッグは、カラフルで適度な重さがあるのが特徴です。また、さまざまな遊び方ができるのが魅力です。重さがあるので身体に乗せると、その部位を感じ取りやすくなります。友だち同士で乗せっこしたり、乗せられるまでじっと動かないで待ち、最後に身体を動かして落とす遊びも子どもたちは楽しいようです。

　ビーンズバッグをつけてはがす遊びも夢中になってくり返し楽しんでいます。はがすときの「ビリビリ」という音やはがれる感触が面白いようです。つかんで引っ張ることが難しい場合は、マジックテープの部分を小さくしたり、手作りのつかみやすい取っ手をつけて行っています。

身体意識を育てる空間遊び

（ 主なねらい ）周囲を見る。空間を意識して姿勢を変える、移動する。

　子どもは感覚運動機能の発達に伴い、行動範囲が広がっていきます。行きたい所に向かって移動したり、よじ登ったり、かがんだり、そこにあるものをつかんだり、引っ張ったりしながら、身体像をベースに身体図式が育っていきます。さらに、そこに適時大人の言葉による声かけがあることで、身体部位の理解や機能に関する知識などの身体概念が培われ、身体意識が形成されます。

　ここでは、スカーフやトンネルなどを活用し、さまざまな遊びの空間をつくり、子どもがその中を移動したり周囲のものに触れたりする活動を通して、身体意識の育ちを支えるムーブメントの実践例を紹介します。

トンネルくぐりは楽しいな♪

実践事例 **1**

3 身体意識を育てる空間遊び

スカーフの道を通ろう

遊 び 方

❶ スカーフの道

・スカーフを2本のロープにかけ、左右の側面を囲いスカーフの道をつくる（写真1）。

・バギーでゆっくりスカーフの道を通る。その際、スカーフへの気づきを促す声かけをする。

❷ スカーフの広場

・2本のロープの幅を広げて、スカーフの広場をつくる（写真2）。

・バギーでスカーフをくぐるように広場をくねくね移動する。

写真1　スカーフの道

写真2　スカーフの広場

支 援 ・ 配 慮 の ポイント

・スカーフの道もスカーフの広場も、子どもの前に広がっている景色が、どのように見えているかを大人がイメージしながら「赤色の道を通ります。次は何色かな？」「近づいてきたよ」などと適時声かけしながら気づきを促します。

・スカーフの道をつくる際、道幅を狭めたり、広げたり、高くしたりなど工夫するとよいでしょう。自分自身を軸に広がる空間を知覚することができます。

・狭い道を通った後、広い空間に出ることで環境の中の自分を感じることができます。

92　PART 2　ムーブメント療育の実践を学ぼう

3 身体意識を育てる空間遊び

トンネルをくぐろう

遊び方

- トンネルを絨毯の上に置き、一方の入り口の前に子どもを座位や腹臥位にする。
- 子どもの反対側のトンネルの入り口から「○○ちゃん見えるかな～、ここだよ～」などと声かけし、動きを引き出す（写真3）。
- 大型マットでスロープをつくり、その上にトンネルを置く。
- スロープの上からずり這いやユランコに乗せて引っ張るなどしてトンネルを滑り降りる（写真4）。

写真3 トンネルをくぐる

写真4 トンネルを滑り降りる

支援・配慮のポイント

- トンネルくぐりは、目の前の狭い空間に対し、自分の身体をかがめるなどしないとスムーズにはできません。言い換えると身体意識ができていると、環境に対し自分の身体を調整することができるということになります。
- そのような身体意識は、トンネルの中をユランコに乗って引っ張ってもらって移動する経験を通して育っていきます。
- トンネルは、遊具がなくてもムーブメント遊具のパラシュートやスカーフはもちろん、シーツや段ボールなど身近なものでもつくることができるので、いろいろな空間づくりを試してみるとよいでしょう。

❶ ミラーボードのトンネル（写真5）

　ミラーボードを両面に設置し、暗幕で上部を覆いトンネルをつくります。キャスターボードに乗り、左右を見ながらゆっくりと進みます。鏡に映る自分の姿を親子で確認したり、触ってみたりしながら通り抜けます。

写真5　ミラーボードのトンネル

❷ パラシュート（写真6、7）

　パラシュートを広げ、その下に子どもたちが入ります。ゆっくりとパラシュートを高く上げたり、下げるときは子どもたちの頭上ギリギリまで下げたり、またドームをつくるなどして空間の変化を楽しみます。

写真6　パラシュート飛んでけ

写真7　ドームに入ろう

保育士からのメッセージ

　パラシュートのドームにみんなで入ると子どもたちは大喜びします。ドームに入ると友だちをより意識しやすくなり、お互いの距離を近くに感じられるようです。空間が狭くなることで、友だちの存在や心の距離も近くに感じられるのかもしれませんね。ドームには不思議な力があります。

PART 3

環境・遊具を活かした
ムーブメント療育

ムーブメント遊具を
使って

　ムーブメント教育・療法では、感覚運動遊びを通して子どもの「からだ・あたま・こころ」を育てるムーブメント活動がより効果的に行えるよう、ムーブメント遊具が用意されています。

　「PART 2 ムーブメント療育の実践を学ぼう」において、発達課題別にムーブメント活動の実践方法を説明する中で、ムーブメントスカーフ、ユランコ、ビーンズバッグを用いたムーブメント活動を紹介してきました。これらの遊具を見ていただければわかるように、固定遊具のような大仕掛けが必要となる特別なものではありません。

　ムーブメント遊具は、素材感や色合いを大切に、子どもたちが主体的に動きたくなる、手に取って探索・発見したくなる、子どもも大人もみんなが楽しく動いて遊びたくなるよう開発されています。一つの遊具でさまざまな遊びをつくり、遊びを発展させていくことができるのもムーブメント遊具ならではの特徴です。

　ここからは、ムーブメントプレーバンド、ムーブメントカラーロープ、ムーブメントパラシュートを活用した療育で取り組む際の実践例を紹介していきます。

ムーブメントプレーバンド

ムーブメントカラーロープ

ムーブメントパラシュート

実践事例 1

1 ムーブメント遊具を使って

ロープを使って

主な達成課題 触感覚、固有感覚、姿勢保持、目と手の協応動作、上肢の操作能力、社会性など

ロープは手指や腕など上肢の動きの基礎的能力の獲得、操作性を高める動きづくりに活用できる遊具です。ロープは、触り心地がよく、子どもにも扱いやすい質感と重さがあり、持つ、握る、引っ張るなど手指を使うのに適しています。ロープを持ったままいろいろな姿勢をとることにより、姿勢保持やバランス感覚能力の向上を促します。

また、色とりどりのカラーロープで床に道をつくり、それに沿って移動したり、ロープをつなげて大きな輪や三角、四角などの形をみんなで協力してつくったりして楽しむことができます。

ムーブメント用のロープには、短いもの（3m）と長いもの（10m）の2種類があり、カラーバリエーションも豊富なので、他の遊具や道具と組み合わせて補助的に使える利点もあります。

みんなで持って動かそう

1 ロープを持って楽しむ

遊　び　方

- 子どもは座位保持いすなどに座り、両手にロープを握る。ロープの感触が手の内側に伝わるように、大人（保護者・保育士）が前面もしくは背後から手を添え介助する（図1）。
- 子どもと大人が向かい合ってロープを握り、揺れ遊びをする。舟をこぐように「ギッチラコ」「いーち、にー、」などと声かけしたり、歌ったりしながらロープを引っ張りっこし、上肢を前後に動かす（写真1、2）。
- 輪にしたロープをお互いの背中側に回し、ロープを握って前後や左右に動かしたり、腰を中心に丸く輪をかくように動かしたりする（図2）。

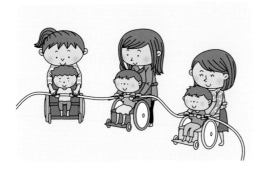

図1　ロープをにぎる

図2　ロープを子どものうしろに回してつかむ。前後・左右・回転

写真1　ロープを引っ張る

写真2　ロープに鈴をつけて引っ張る

　手を使うことが困難な場合でも、手指や腕など上肢の動きを獲得する第一歩として、両手でロープに触れることから始めます。徐々に「触る」「つかむ」「握る」動きへとつながるよう、子どもが意識的に力を入れたり離したりする把握動作をくり返します。握っていられる時間が長くなってきたら、握って引っ張ったり、緩めたりする動きへとつなげます。その後、片手ずつ交互に手繰る動作を促すロープ遊びへと展開します。

2　ロープを使って楽しむ

遊び方

- ロープの両端を結んで大きな輪にし、所々に鈴をつける。
- 大きな輪になって座り、ロープをみんなで持つ。
- 保育士のかけ声で、上下、前後、左右に動かす。
- 4拍子の曲を歌ったり、音楽に合わせたりしてトントン上、トントン下などと鈴の音を鳴らしながら動かして楽しむ（写真3）。
- 「おとなりへ」などと声かけしながら、ロープをとなりの友だちに送り、みんなで一方向に回す。保育士は子どもが送りやすいよう介助をする。

写真3　みんなで一緒にロープを動かす

支援・配慮のポイント

　ロープを握る動作がとりにくい場合は、大人が手を添えて一緒に握ったり、握らなくても指で触れたりするだけでもよいでしょう。指に、力を入れて前後に押したり引いたりする身体運動に慣れることから始めます。

　ハンカチ等をロープに結び、こぶをつくってあげると、握った感触が得られやすくなります。ロープが上下左右へと引っ張られると自然と握る力が入りやすくなるため（筋感覚）、みんなで動かしあって遊ぶことをくり返し、握る力を支援します。

- ロープにスカーフをかけたり、スズランテープでつくったのれんや2本のロープにパラシュートをかけてトンネルをつくったりしてムーブメント風景をつくります。

写真4　そりに乗りロープを手繰って動く

- その下を歩く、四つ這いで進む、そりやキャスターボードに乗って移動します。ロープを横に張り、キャスターボードやそりに乗り、そのロープを両手で手繰り寄せながらくぐって移動する楽しみ方もできます。仰向けや横向きなど姿勢を変えて楽しみます（写真4）。

- ロープで迷路のように道をつくり、ロープを踏まないようにして歩いたり、キャスターボードやバギーに乗ったりして移動します（図3）。

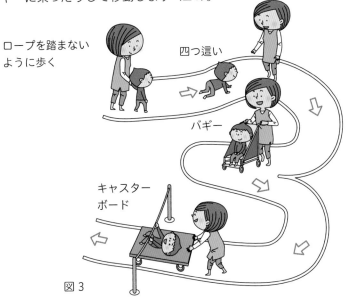

ロープを踏まないように歩く

四つ這い

バギー

キャスターボード

図3

保育士からのメッセージ

　　　　ロープの真ん中にスカーフを結んで綱引きごっこも楽しめます。どっちが多く引き寄せられたかがわかりやすくなります。

　カラフルなロープをつなぎ、長いロープをつくります。それを子どもたちが手で握ります。握れないお子さんは、手のひらの上に乗せます。大人が側方からゆっくりロープを引き、手の中や手のひらの上を通過させることで、楽しみながら視知覚、聴覚、触知覚を促すことができます。

　ロープのつなぎ目をじっくり触ってから放す子や、ロープの端がするりと手から落ちた瞬間に表情が変化する子もいます。その時のお子さんの気持ちを代弁してあげるとよいでしょう。またロープによって子どもたちがつながることができるのが魅力です。

1 ムーブメント遊具を使って

プレーバンドを使って

主な達成課題 触感覚、固有感覚、身体意識、目と手の協応動作、手指や手首の動き、姿勢保持、バランス感覚、協調性など

プレーバンドは、適度な伸縮性のある幅2.5cm、長さ170cmのやわらかいゴムバンドです。両端が輪になっているので握る力が弱い子どもでもそこに手や足を入れるとつかみやすいため、動かしやすくなります。プレーバンドは、赤、青、黄、緑の4色があり、輪を通してつなげたり、何かにくくって使うことができます。

伸縮する特徴を活かして引っ張ったり、縮めたり、強く引っ張ってから手を放して的にあてたりする活動など、ロープとは違った楽しみ方ができます。また、手足のストレッチにも役立ちます。手足など身体の部位が引っ張られる感覚を経験することで身体意識の形成にも活用できます。

どこまで伸びるかな？　やってみよう

1 プレーバンドを伸ばしたり、引っ張ったりして遊ぶ

遊び方

- プレーバンドを両手で短めに間隔を空けて持ち（必要に応じ大人が介助）、伸ばしたり緩めたりして、手に伝わる伸縮感やビュンビュンと鳴る音を楽しむ（図1）。
- 子どもがプレーバンドの輪を片手で握り、対面する大人が反対側の輪を持ち「どこまで伸びるかなー」などと言いながら、ゆっくり引っ張ったり緩めたり、揺らしたりする。
- 慣れてきたら両手でそれぞれの輪を握り、対面の大人が中間を持って、歌に合わせたり、数えながら上下にバウンドしたり、左右前後に揺らして楽しむ（図2）。

図1　両手で持って伸ばしてみよう

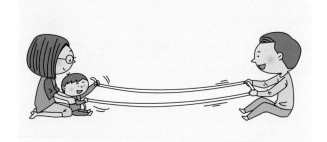

図2　一緒に引っ張る・揺らす

支援・配慮のポイント

- 座位がまだ不安定な子どもは介助座位で、座位が安定するように脇の下から子どもの体幹を支え、一緒にプレーバンドの伸縮性を楽しめるように補助しましょう。
- 保育士が対面でプレーバンドを動かす際には、子どもの姿勢保持や操作性に合わせて強弱を調整します。プレーバンドを適度に伸ばした状態で上に持ち上げたり、左右に動かしたりすると、子どもが手指や腕の力だけではなく、上肢も使ってバランスをとろうとする動作を促すことができます。保育士がつくる適度な揺れが、姿勢保持と手の操作性を促します。

2　プレーバンドをさまざまに使って遊ぶ

遊　び　方

- プレーバンドの片方の先を丸めて団子結びにする。子どもは団子の反対の輪をしっかり両手で持って、揺らして振り回すのを楽しんでから、当たりそうな位置にタンバリンなどを置いてそれに当てる（写真1）。
- 大人2人が1本のプレーバンドを離れて持ち、中間を子どもが両手で引っ張り、パチンコのように「いち、にの、さん」で手を放し、その先に置いてあるペットボトルの的を倒して遊ぶ。
- ゴム跳びの要領で大人が複数ずつプレーバンドを持ち合う。子どもは、その間をくぐったり、跳び越えたりする（図3）。
- 子ども同士が対面になって座りプレーバンドをクモの巣状に持ち、保育士のかけ声や歌に合わせ、前後、左右、上下に動かして遊ぶ（図4）。

写真1　振って的に当てる

図3　またぐ・くぐる・這う

図4　クモの巣状に持ち動かす

支援・配慮のポイント

- 的当て遊びの際、座位での姿勢保持が難しい子どもは側臥位になり、両手でしっかり握れるように大人が支えてあげると楽しめます。その際、事前に的を近くで見せておくとよいでしょう。また、手を放したら的に変化が生じることがわかりやすくなるよう、カウントダウンをしたり、子どもが自ら放そうとするのを待つのも大切です。
- 子ども同士向き合って持つ際は、手から離れ跳んでいっても危なくない距離を保ちます。みんなで持ったプレーバンドが重なる中央に風船を置き、上下に揺らして風船に当てるのも集団を意識した遊びになります。

❶ プレーバンドとフープを使って

プレーバンドの片方の輪をフープにくくりつける。フープの中央にはリーダーが入り、子どもたちはプレーバンドのもう片方の輪をそれぞれに持つ。リーダーはフープをさまざまに動かした後、徐々に高く上げていき、「さん・にー・いち・ぱっ」のカウントに合わせて全員で手を離す（写真2、3）。

写真2　高く上に持ち上げる

❷ プレーバンドとスカーフを使って

子どもは中央に座位または仰向けになる。大人4人で向かいあってプレーバンドを十字に持ち合いスカーフを掛ける。「むすんでひらいて」などの歌に合わせ、上下、左右、大きく小さく、遠く近くなど声かけしながら揺らし、最後に手を放しスカーフを落とす（写真4）。

写真3　最後に一緒に手を離す

写真4　スカーフを掛けて揺らし落とす

保育士
からの
メッセージ

4色のプレーバンドを「どの色がいいですか」と目の前に差し出すと、その日の気分で迷いながら選ぶ子や好きな色をうれしそうに目線で選ぶ子とさまざまいます。

応用編①で簡単な劇遊びもできます。リーダーが悪役となり（例えば、3匹のヤギのガラガラドンのトロル役）子どもたちが一斉にプレーバンドを放し、リーダーがオーバーリアクションで「やられた～」と倒れれば、子どもたちのヒーロー度が格段に上がります。

1 ムーブメント遊具を使って

ムーブメントパラシュートを使って

固有感覚、バランス感覚、上肢の操作能力、目と手の協応動作、姿勢保持、社会性、リラクゼーションなど

ムーブメントパラシュートは、強力なナイロン素材の布地を円形に縫い合わせたもので、大きなドームをつくったり、子どもを乗せて動かしたりできる、子どもだけでなく大人にも魅力的な遊具です。パラシュートを広げただけで、ファンタジックな空間が誕生します。

パラシュートの端を持って動かすことで手指や上肢の操作性が促されます。また、子どもをパラシュートの上に乗せて動かすことで前庭感覚が刺激され、バランス感覚や姿勢保持力の向上につながります。一方、パラシュートにはリラクゼーション効果もあります。パラシュートの下に入り、床に横になって風を感じながら揺れるパラシュートを見上げていると心身のリラックスがもたらされます。

近年、幼稚園や保育園、療育機関等でパラシュートを用いた活動を取り入れているところも増えてきました。使い方を工夫し、子どもの発達支援に活用したい遊具です。

風船を入れたこいのぼりを乗せて

1 パラシュートを触る、持つ、動かす

- パラシュートを床に広げる。子どもたちは両手を置いて触ってみたり、ツルツルする手触りを確かめたり、ずり這いやお腹、お尻で滑るなど、移動して遊ぶ（写真1）。
- みんなで座位になり（座位保持、介助座位）、パラシュートの縁を両手で握る。一人で持つことが難しい場合は、大人が手を添えて一緒に持つ。
- 保育士のかけ声や歌に合わせ、パラシュートを上下、左右に揺らしたり回転させたり、大小の波をつくったりして楽しむ（写真2）。

写真1　パラシュートに触れて探索

写真2　パラシュートを持って動かす

支 援 ・ 配 慮 の ポ イ ン ト

- 色鮮やかなパラシュートを床一面に広げると、子どもたちは身を乗り出してきます。思う存分、パラシュート探索を楽しむ時間をとってあげたいものです。自発的な動きが少ない、あるいは視覚が弱い子どもたちには、一緒に触ったりパラシュートの上に乗せてツルツル感を味わったりします。
- パラシュートを持って動かすと大きな風が生まれます。手を動かしたら風が来る、パラシュートが大きく波打つ、しなる音がする、といった動作と結果の関係が触覚、視覚、聴覚を通して伝わりやすいのがパラシュートです。保育士は、強弱を意識して動きの声かけをします。
- みんなでパラシュートを上下させると、自然に子どもの手が一緒になって上がっていることがあります。上に上げる際は、最初は小さく、徐々に高さを上げていくとよいでしょう。

2 パラシュートの上に遊具を乗せて動かす

遊　び　方

- 子どもも大人も一緒にみんなでパラシュートを広げて持つ。保育士は、大きなバルーンを一つパラシュートの中央に乗せる。
- みんなでバルーンをパラシュートから落とさないように息を合わせて動かしたり、上下に弾ませたりする（図1）。
- 保育士は、「○○ちゃんのところにバルーンを届けましょう」と声かけし、みんなで工夫してパラシュートを斜めにしたりして子どものところにバルーンを移動させる。順番に全員の子どものところにバルーンを運ぶ（図2）。

図1　バルーンを上下に揺らす

図2　○○ちゃんのところに届けよう

支援・配慮のポイント

- みんなで協調してパラシュートの上に乗せたバルーンを動かすことで手の操作性や目と手の協応性（見ながら調整して手を動かすなど）にとどまらず、他者との協調性やコミュニケーション力、問題解決能力の育成にもつながります。一人ひとりの課題は異なっても、同じ遊びの中で個々に応じた支援を行うことができます。
- バルーンを外に落とさず何回空中に上げることができるか、みんなで数えながら行うと、数に触れる経験にもつながります。
- バルーン以外にも軽めのカラーボールやビーンズバッグを使うのも楽しいです。数を増やしていくなどして遊びを展開するのもよいでしょう。

3 パラシュートに乗って揺れよう

遊 び 方

- 子どもは楽な姿勢でパラシュートの上に乗る。保護者や保育士はパラシュートを持ち、静かに揺らして波をつくる。（写真3）
- パラシュートをゆっくりと「〇〇先生の方に動かします」と声かけし、その方向に引っ張って動かし、元に戻す。いろいろな方向に引っ張ったり戻したりして、子どもは揺れを楽しむ。
- 子どもが慣れてきたら、パラシュートを引っ張りながら全体を大きく右回りや左回りにゆっくりと回すように動かす。

写真3　パラシュートに乗り風を感じる

支 援 ・ 配 慮 の ポ イ ン ト

- パラシュート上での揺れは、滑りやすく、ユランコのように周囲を包まれた状況での安定的な揺れとは異なりますが、それがまた、子どもにとっては他では得難い快刺激となります。
- パラシュートを揺らす際、子ども同士、顔や手足がぶつからないように子どもの姿勢や位置を配慮したり、途中で位置を直したりするとよいでしょう。
- 一人ずつパラシュートに乗って遊ぶ際、大人がパラシュートを持って立ち上がり、ゆっくりと宙に浮かします。慣れてきたら上下に動かして浮遊感のある異なる揺れをつくり、バランス感覚を促します。

4 パラシュートを見上げよう

・床にカーペットやマットを敷き、その上に子どもは（もしくは親子で）横になる。

・保育士など大人はパラシュートを立って持ち、上下に揺らす。子どもは、パラシュートを下から見上げ、近寄ってきたり離れたりするのを見て楽しむ。

・パラシュートを片手あるいは両手で持ち、全員で歩いて一方向に回り、途中で反対方向に回ったりする。子どもはパラシュートが頭上で回転するのを見て楽しむ（図1）。

図1 パラシュートを持ち回る

支援・配慮のポイント

・子どもたちは、頭上で揺れるパラシュートを見ようと頭部を上げようとしたり、手を出して触ろうとしたりします。そのような動きを引き出すためには、ゆっくりと動かしたり、手が届きやすい位置にまで持っていって、手が触れるまで止めたりと、子どもの様子を見ながら工夫しましょう。

・ゆっくりと動くパラシュートの下で、親子で横になっているとゆったりした気分になりリラックスできます。ゆったりした音楽を選び用いるとよりリラクゼーション効果が得られます。ムーブメント活動の最後にクールダウンとして取り入れてもよいでしょう。

応用編 「パラシュートをさらに楽しむ工夫」

❶ オーガンジーなどの薄く透ける布で作られたパラシュートを使い、電飾をつけたり、ステンドグラス風にふちどりしたカラーパラフィン紙や紙吹雪などを乗せて動かすと、幻想的で不思議な風景をつくります。(P124を参照)(写真4)

❷ 子どもたちがなじんでいる曲を選び、その曲にあったパラシュートの振り付け(動かし方)を考えます。みんなで歌ったり、ピアノの演奏やCDの曲に合わせて、パラシュートダンスを楽しみます。

❸ パラシュートの中に子どもが入り、大人が「いち、に、さん」のかけ声とともに、中に空気を入れるようにパラシュートの端を床につけ、ドームをつくります。(P94を参照)

❹ パラシュートのトンネルをつくります。子どもたちはそのトンネルをバギーやスクーターボード、ユランコを引っ張ったりして通り抜けて遊びます。コーナー遊びの一つとして、あるいはサーキットのコースの一つとして設置します。

写真4　下から見上げる

保育士からのメッセージ

　パラシュートは、何といっても一度にたくさんの子どもたちが一緒に楽しむことができる遊具の一つです。

　パラシュートの上に乗る、下に寝て見上げる、端をつかむことで、みんなが一つになった気分を味わうことができます。戸外に出なくても、風を視覚、聴覚、触覚で感じることができ、いろいろな遊びに展開させていくことができるのも魅力の一つです。

ストーリームーブメント

（ ストーリームーブメントのねらい ）
イメージして動く、想像して感触を味わう、創造性を高める、模倣して行動する

　ストーリームーブメントとは、お話の内容や流れに合わせてムーブメント活動を展開するストーリー体験型のムーブメントです。内容は、みんなが知っている絵本の物語を題材にするのもよいですし、物語をさらに発展させてプログラムをつくるのもよいでしょう。またオリジナルのシナリオをつくってプログラム展開するのも子どものわくわくドキドキを促します。

　ストーリームーブメントの良さは、話の展開を予想したり、場面を想像したりすることができるため、動きやすくなると同時に想像して動くといった力を引き出しやすいことにあります。季節性を楽しむストーリームーブメントなども取り入れたいプログラムです。

おばけだぞー

写真 『あめかな！』U．G．サトー 作・絵（福音館書店、2009）
　　　『あめ　ぽぽぽ』ひがしなおこ 作　きうちたつろう 絵（くもん出版、2009）
　　　『雨、あめ』ピーター・スピアー 作（評論社、1984）

2 ストーリームーブメント

絵本の世界を楽しむ
「温泉であったまろう！」

主なねらい	お話を耳で聞き、目で触って実際に体験して楽しむ。全身で温泉の雰囲気を感じる。楽しみながらさまざまな揺れや感触を楽しむ

写真1 「あったまろう」はじまりはじまり〜

活 動 の 流 れ

❶ 導入：読み聞かせ『あったまろう』（作・絵：もろはらじろう／鈴木出版）

・子どもが見えやすい位置に巻き絵本を広げる（写真1）。

・読み聞かせに合わせ、巻き絵本も場面展開させる。

・大きな石をみんなで動かすなど、お話に出てくる場面を体験する。

❷ 温泉ランドに出発

・主人公のうさぎさんのように、みんなで山の温泉ランドに出発する。

・バスに揺られ（介助座位で横揺れ）、バギーで山道を進み（曲に合わせて移動）、急な雨に
木の下で雨宿り（パラシュートの下へ）、温泉ランドに到着（写真2）。

❸ 温泉ランドで遊ぼう

・揺れ、加速、滑る、触・温熱感覚、振動を楽しめるコーナーを設置し（次ページ図1）、好きな遊具で自由に遊ぶ（写真3〜5）。

❹ パラシュート

・最後にパラシュートでゆっくり揺れて、親子でリラックスする。

写真2　バスは右にカーブしまーす♪

写真3　流れる温泉プール

写真4　体当たりボーリング

写真5　足湯は気持ちいい

支援・配慮のポイント

・絵本の内容に対する子どもの理解状況は異なります。中には視覚に課題のある子どももいます。保育士は、子ども一人ひとりが話の内容や雰囲気を楽しめるよう、語りはゆっくり、はっきり聴きやすくし、提示は見やすく、視覚でとらえやすい位置まで近づけるなど工夫します。

・ストーリーがあることで保護者も楽しめ、遊びの展開も理解しやすくなるため、子どもへの声かけやはたらきかけも自然と豊かになります。保育士は、各コーナーで遊びを援助する際、物語の登場人物になりきって雰囲気を盛り上げます。

表1 ストーリームーブメントプログラム例①

名　称	りんごムーブメント 「温泉であったまろう！」	実施日	11月○日（月） 10：20〜11：20	担当者	○○
ねらい	・お話を耳で目で触って、実際に体験して楽しもう ・全身で温泉の雰囲気を感じよう ・楽しみながらさまざまな揺れや感触を楽しもう				

活　動	内容・方法	達成課題	配　慮	準　備
フリームーブメント 朝の会 体操	好きな遊具で自由に遊ぶ 歌、呼名 りんご体操	・環境適応 ・集団意識 ・身体意識	・保護者と一緒という 　意識 ・場所、人に慣れる	
課題ムーブメント	「あったまろう」			
（10：40）	はじまりはじまり〜♪	・聴覚・視覚 ・集中力	・ゆっくりスタート ・イメージを膨らます	絵本 巻き絵本
（10：45）	「温泉ランドに出発！」 ・大型バスにのって（座位で） 　がたがた揺れる、斜めになって ・バギーに乗って山登り ・音楽に合わせて移動 ・パラシュートの雨宿り ・紅葉の道の散歩→到着	・空間認知 ・協調活動 ・触覚・視覚 ・平衡感覚 ・リズム感 ・前庭感覚 ・平衡感覚 ・固有感覚 ・粗大運動 ・温熱感覚	・1列につながって、 　歌いながら声かけに 　合わせ体を動かす	ロープ長2、3本 歌：アカペラ CD パラシュート3m スカーフ（小林持参） ロープ長2本
（11：00）	「温泉ランドで遊ぼう」 ・温か足湯でゆったりゆらり ・マッサージ器でブルブル ・トランポリの湯船でゆらゆら ・流れる湯船で遊んじゃおう ・ボーリング場で遊ぼう		・親の介助を補助し一 　緒に楽しめるよう援 　助 ・順番に交替を促す	お湯（足湯用） 容器（小林） 午睡用敷布団1 ユランコ1枚 トランポリン ボールプール 風呂マット数枚
（11：15）	「パラシュートでリラックス」	・前庭感覚 ・平衡感覚	・ゆったりした雰囲気 　づくり	パラシュート5m CD
（11：15）	終了			
感想				

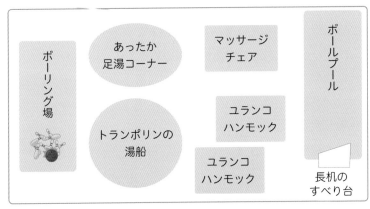

図1　温泉ランド環境構成

その他編 「さまざまな絵本をテーマに」

　「おおきなかぶ」をテーマに、かぶにくくりつけたプレーバンドをみんなで協力して引っ張ったりしても楽しいでしょう。また「はらぺこあおむし」では、あおむしさんのために、いちごやりんご狩りに出かけ、果物に見立てたビーンズバッグを的から外す活動を取り入れるなど、さまざまな動きの拡大につなげます。

　「お花見」「子どもの日」「夏祭り」「お化け屋敷」「ハロウィン」「お正月遊び」など、季節や文化に親しめるテーマを取り入れたムーブメントプログラムも工夫できます。

季節のムーブメント「こいのぼり」

季節のムーブメント「ハロウィン」

保育士からのメッセージ

　　お話を想像しながら活動が展開されていくストリートムーブメント。一緒に活動しながら、子どもたちは想像を膨らませ、次の展開を期待します。ストーリーがあり、それに合わせた遊びの環境設定があることで活動にも膨らみが出て、とても楽しい時間になっています。

2 ストーリームーブメント

冒険を楽しむ
「宝探しの旅に出発！」

> **主なねらい** 冒険ごっこをイメージし、実際に体験して楽しむ。揺れ体験、斜面登り、宝探し、道づくり、道を進むなど問題を乗り越える能力を問い、子どもが本来もっている生きる力を引き出し楽しむ。

写真1　大型船に乗って

活 動 の 流 れ

❶ 導入：子どもが想像できるように冒険の旅について説明する

❷ 冒険に出発

・大型船に見立てたバランスボードに乗る。

・切符（ビーンズバッグ）が同じ色の親子2組で船に乗る（写真1）。

・親が後ろから子どもを支えつつ、数を10数える間、身体バランスを取る。

写真2　宝島の山のぼり（斜面）

❸ 宝島に到着

・斜面を各自の方法で登る（写真2）。

・山の上に登ったら宝物（色つきの筒）を探し出す（写真3）。

・2人で宝物を持ち、斜面から「さん、に、いち、パッ」で転がす。斜面に転がって船に戻る。

❹ 宝物を並べてみよう

・宝物を床に立てて道をつくり、その上に同じ色のビーンズバッグを乗せる。

・独歩、介助歩行、四つ這いなどで指示された色の順番で進む。（写真4）

❺ パラシュートでリラックス

・毛糸玉を触り感触を楽しんだ後、パラシュートの上に毛糸玉を乗せる。

・パラシュートを持ち、毛糸玉をみんなで揺らす。

・パラシュートの下に寝転がり、下から見上げて楽しむ。

写真3　宝箱見つけた

写真4　道づくり後、色の順に進む

支援・配慮のポイント

・このプログラムは、得意な移動や操作機能を活かし、話の展開の理解や色弁別、マッチング、問題解決などの認知面を高めたい子どもたちに適しています。個々の発達課題や得意分野は異なるため、子どもの理解に合わせた声かけや移動する距離、操作方法の工夫などを丁寧に行います。

・同じテーマでも、参加する集団の子どもの発達段階に合わせた活動内容、その活動のためにどのような環境を用意するかで、ストーリームーブメントの脚本はいかようにもつくることができます。それこそプログラムづくりの醍醐味です。ストーリームーブメントは、脚本づくりの段階から保育士が楽しみながらつくるとよいでしょう。

表1 ストーリームーブメントプログラム例②

名　称	バナナムーブメント 「宝探しの旅に出発！」	実施日	5月8日（月） 10：20〜11：20	担当者	○○
ねらい	・親子で体を動かしたり、触れ合って楽しく遊ぶ ・個々の動きや興味関心、発達課題を確認する				

活　動	内容・方法	達成課題	配　慮	準　備
フリームーブメント 朝の会 　　（10：15）	好きな遊具で自由に遊ぶ 朝の歌、たいこのお返事、呼名 「バナナ体操」	・身体の準備 ・自発性 ・スキンシップ ・身体部位の確認	・体調や機嫌、興味の所在を見る ・母と触れ合い安心感や楽しさを共有できるように	バランスボード セーフティマット2 机3台 でこぼこマット ＣＤ・デッキ ビーンズバッグ 宝箱
課題ムーブメント 　　（10：25）	〈大型船に乗ろう〉 ・切符を後ろに渡してね ・何色の切符をもらったかな ・大型船に搭乗	・人への意識 ・聴覚運動連合 ・目と手の協応 ・前庭感覚刺激 ・平衡感覚 ・触覚・視覚 ・姿勢保持 ・ボディイメージ ・自力移動 ・自発性 ・触覚・視覚 ・友だちへの意識 ・平衡感覚 ・協調活動 ・空間認知	・個々の応答に合わせて進めていく ・個々に合わせた姿勢や揺れの大きさで介助する	色つき筒
（10：45）	〈斜面であそぼう！〉 ・島に上陸しよう ・島で宝物を見つけたよ 　宝物を持って帰ろう ・船に戻るよ（転がって行こう）		・個々の反応を見ながら個々の寝返り姿勢で無理なく進める	
（11：00）	〈宝物を並べてみよう〉 ・道を作るよ ・みんなで作った道を進んで行こう！ ・もう一つの宝探し 　雨が降った後は……		・目的の場所を意識して、自発的にそれぞれの手段で移動できるように	シャラシャラ（スズランテープののれん） 色つき筒 カラーボール
（11：15）	「パラシュートで遊ぼう！」 ・跳ね上がる毛糸玉を見たり、集まって寄ってくるのを見よう ・ママと一緒にリラックス	・他の親子も意識し楽しさを共有できるように	・ゆったりした雰囲気づくり	パラシュート5m 毛糸玉
（11：15）	終了			
感想				

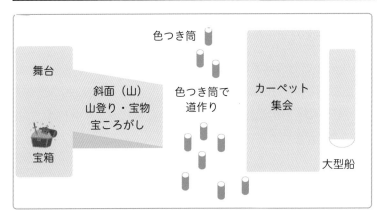

図2　宝探しの環境構成

　子どもたちはわくわく感いっぱいの冒険ものが大好きです。映画やアニメの主人公になったつもりで、障害物やオバケなどに遭遇した際、それをどう乗り越えていけるか、子ども自身が考え行動する設定を取り入れた冒険型ストーリームーブメントのオリジナルバージョンを創作してみるとよいでしょう。

宇宙人発見！

保育士
からの
メッセージ

　　　光のムーブメントで「宇宙船に乗って地球を探しに行こう！」をテーマに行いました。光をまとった保育士が宇宙人になり、子どもたちと一緒にトランポリンを跳ぶ、光のスティックを手に入れたら宇宙旅行の切符をゲット！　光る風船で作った地球をみんなで探す展開の中で、子どもたちがわくわくしながら、自発的に動く姿がたくさん見られました。

光のムーブメント

（ 光の特性 ）明暗、輝き、点滅、色、変化など

　重い障がいがあると視覚機能の発達に重複する課題があることも少なくありません。乳幼児期は、目が見えているのかわからない状態にあったのが、ある日、保育活動の中で提示した玩具を見ているように、あるいは、人の動きを目で追っているように感じることがあります。その思いは、少しずつ確信へと変わっていくこともあります。

　子どもたちの視覚は、日常生活を通した外的刺激を受け、ゆっくりと発達していきます。そんな子どもたちの視覚機能をほどよく刺激してくれる素材に、「光」があります。色とりどりの光や光の点滅は、明暗や環境の変化をもたらしやすい特徴があります。

　「あれ、なんだろう？」「不思議だな？」「触ってみようかな」などと、心を揺さぶり、視知覚と行動を促す「光」を取り入れたムーブメント活動を紹介します。

みんなで持って動かそう

1 ピカピカを触ろう

主なねらい 光るものに気づく。触ろうとする、触って楽しむ

遊び方

- お米の中で色とりどりに光るLEDライトを見て手で探る（写真1）。
- やさしく光るファイバーライトの揺れを見る（写真2）。
- 着色したはるさめと光の感触を楽しむ（写真3）。
- やさしく光るツリーなどを目でとらえ、手で触れて楽しむ（写真4）。

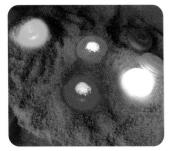

写真1　お米の中から謎の光が

写真2　ファイバーライト

写真3　色とりどりの光るはるさめ

支援・配慮のポイント

- 光遊びは、部屋を暗くした方が光の輝きがはっきりしますが、明るい部屋で行ってみて、子どもたちの光への気づきを確認してみるのもよいでしょう。暗くして行う場合は、暗闇が苦手な子どもがいないか留意します。

写真4　ツリーに手を伸ばし触れる

- 遊ぶ際には、子どもが目でとらえ、手で触れやすくなるよう姿勢を工夫します。

遊具を子どもの目の前でゆっくり動かしたり、手を添えて触らせたりして、意識を促しながら視知覚にはたらきかけます。

2　不思議空間を楽しもう

主なねらい　いつもと違う環境に気づき、雰囲気を楽しむ。驚いたりわくわくしたりし、主体的に行動する

遊　び　方

- 暗くした空間に、複数の異なる光る素材を設置し、スヌーズレン*的空間（写真5）や光に触れて遊ぶ探索空間（写真6）、ミラールーム（写真7）などの不思議空間をつくり、楽しむ。
- リラクゼーションを目的にスヌーズレン的空間をつくる際には、親子でゆったり横になり、心地よい多様な感覚刺激を楽しめる工夫をする。
- 子どもが鏡に映る自分の姿に気づくよう「あっちにも映っているよ」などの声かけや、姿勢を変えてみるなどする。

写真5　スヌーズレン的空間

写真6　光に触れて遊ぶ探索空間

写真7　ミラールーム

スヌーズレンとは：
オランダ語で「クンクン匂いをかぐ」と「ウトウト居眠りをする」という言葉から生まれた造語で、五感などを適度に刺激する多重感覚環境下での子どもと介助者と環境の相互作用を主とした活動である。特別支援教育や療育現場で支援を目的に実践されている。

3 光の遊園地で遊ぼう

主なねらい 光を感じて動く。乗り物やトランポリンに乗って動き、景色が変化するのに気づいたり、楽しんだりする。

遊　び　方

- 両サイドと頭上にイルミネーションを飾った光の通路をスクーターボードで通る。その時、光を楽しみながら移動する（写真8）。
- キャスターボードの宇宙船に乗り、友だちと一緒に探検する（写真9）。
- 光のすべり台で加速を楽しむ（写真10）。
- 光のトランポリンで光と一緒に揺れる（写真11）。

写真8　スクーターボードで

写真9　宇宙船探検！

写真10　光のすべり台でシュー

写真11　光のトランポリンで揺れよう

支援・配慮のポイント

- イルミネーションの世界には視知覚を促すだけでなく、人の心を魅了する力があります。明るい室内や野外でのムーブメントに慣れている子どもたちですが、いつもと違うファンタジックな空間で、わくわくドキドキしながら遊ぶ楽しさを体験させてあげたいものです。

4 夜空に何が見えるかな

主なねらい 上を見上げる。光の世界でリラックスする

遊　び　方

- 白いパラシュートに映したミラーボールの光を子どもたちが見上げる（写真12）。
- みんなで持ったパラシュートの上に紙吹雪を乗せる。ブラックライトの下でパラシュートを上下に揺らし、紙吹雪の雪を降らす。子どもは空中を舞い落ちる雪を見る（写真13）。
- 子どもはパラシュートの下に横になる。大人がパラシュートを揺らして、子どもたちの上に雪を降らせる。

写真12　夜空に光る星を見よう

写真13　雪が降ってきたよ

支援・配慮のポイント

- 見たい気持ちが膨らむよう、場面に合わせた曲を流します。子どもの近くまでパラシュートをゆっくりと下げ、子どもたちが手を伸ばしたくなるよう促すとよいでしょう。

保育士からのメッセージ

　暗闇が苦手な子もいるので、少しずつ電気を消して、反応を見るとよいでしょう。

　光遊びをするときには、配線が引っかからないようにします。電池式のものは、手元で操作できるので活用するとよいでしょう。

　視覚が弱いお子さんもいるので、光の強弱があるものを用意し、反応を見ながら、言葉で状況を説明しながら活動するとよいでしょう。

CHAPTER 4

野外ムーブメント

（ **野外の特性** ）芝生、広場、風の流れ、太陽の光と影、開放感などの自然の力

　子どもは外遊びが大好きです。追いかけっこやかくれんぼ、ボール遊びなど、思い切り身体を動かして遊ぶのを好みます。心身の健やかな発達にとって、自然の中で日差しや風、土や草花の匂いを全身で感じながら、思い切り身体を動かして遊ぶことは欠かせません。

　それは、肢体不自由のある子どもも同じですが、ともすれば外遊びの経験が不足しがちです。野外ムーブメントでは、肢体不自由のある子どもたちが、自然の恵みを受けながら思い切り身体を動かすことができるよう、自然の特性を活かしたダイナミックなムーブメント活動を提供します。

子どもたちが大好きなそりすべり

1 遊歩道で太陽の光、風を感じよう

> | 主なねらい | 風、陽光、影を触覚、視覚、聴覚で感じる |
> | | 見ようとしたり、触ろうとしたりして身体を動かす |

遊び方

- 遊歩道にカラーシートと風鈴のカーテンを広げる。
- 親子でカラーシートの下に入り、見上げたり、地面に移っている色とりどりの影を見たりして、ゆっくり楽しむ（写真1）。
- 風に揺れる風鈴に向かって歩き、音色やガラスの光、風で動くぽんぽん風鈴に気づき目を向ける。近づき手で触ったり、揺らしたりする（写真2）。

写真1　ステンドグラスみたいだね

写真2　揺れる風鈴触れるかな？

支援・配慮のポイント

- 心地よい陽光や風の揺らぎは、子どもの心身の発育・発達にとって重要です。また、砂利道や芝生の上をバギーや車いすに乗って散歩すると、いつもと違う視界や揺れ、振動を感じることができます。体調や気候に留意しながら、屋外で遊ぶ機会を積極的につくりたいものです。
- 屋外では、感覚の弱い子どもたちが風や太陽の光、影などの自然環境の変化に気づき、目を向けたり、手を出したりしたくなるよう、カラーシートやスカーフの道をつくったりなど、環境構成に配慮するとよいでしょう。

2 芝生の傾斜で転がそう・転がろう

主なねらい 転がってくるボールを目と手でとらえる。斜面を転がって楽しむ

遊び方

- 斜面の下で、上を見上げるように親子で介助座位をとる。
- 斜面の上から「ボールが行きまーす」と声かけし、大量のカラーボールを子どもの手元に届くように転がす（写真3）。
- 保護者は、子どもに「ボールが来たよー」とボールへの意識を促しながら一緒にキャッチする。何回かボールキャッチをくり返す。
- 今度は子ども自身が斜面の上から寝返り姿勢で転がって遊ぶ（写真4）。

写真3　転がってくるボールをキャッチ

写真4　斜面をゴロゴロ転がれるかな

支援・配慮のポイント

- ボールを転がす際、子どもが頭部を上に持ち上げたくなるよう、意識を上に向けさせる声かけをします。
- 子どもが転がってくるボールを見たり、手でキャッチしたりしやすいよう、子どもの姿勢を工夫したり、変えてみたりします。
- ボールは比較的早く転がるため、たくさんの数を流れるように転がすと子どもの視界に入りやすくなります。何回かくり返し行ったり色を変えたりするとよいでしょう。
- 平面では寝返りが困難でも斜面では転がりやすくなります。転がる際には、子どもによって得意な側の側臥位があったりします。介助の仕方も個々に合わせて行い、楽しく転がれるよう配慮します。

3 公園の斜面を滑ろう

主なねらい 斜面を滑る感覚を身体で味わう。スピード感を味わい、楽しむ

遊 び 方

- そり、車輪付きそり、ユラン コなど斜面滑り用の乗り物を 用意する。
- 座位や横になった姿勢など、 個々の発達段階に応じた姿勢 で乗車する。
- 手で乗り物をつかみ、身体の 保持を促したい場合は、握ら せる（写真5）。
- 「さん、に、いち、出発〜」の かけ声で、保育士が介助して 斜面を滑り下りる。
- くり返したり、乗り物を換え たりして行う（写真6 〜 8）。

写真5
しっかり握ってね！

写真6
後ろ向きにユランコで

写真7
パラシュートに乗って

写真8
こいのぼりに乗って

支 援 ・ 配 慮 の ポ イ ン ト

- 公園にあるすべり台では遊びにくい子どもたち。芝生での斜面滑りでは、芝生がよいクッ ションになるため、障がいが重い子どもたちでも横になった姿勢や親子での介助座位でも 楽しむことができます。
- 安定座位を支援したい子どもには、座位でのそり遊びが効果的です。そりを引っ張るとき には、子ども自身が倒れないよう、体幹を支えられるぎりぎりの速度を心がけるとよいで しょう。

その他編 「他にもたくさん！　おすすめの遊び」

パラシュートトランポリン

親子で寝そべり見上げよう

芝生に足をつけてみよう

シャボン玉が跳んできたよ

広場で跨いでくぐって

親子で四つ這い自動車

保育士
からの
メッセージ

　カラーボールを転がすときは、色分けすると色の違いで視覚的な刺激が変わります。

　パラシュートで上下動の揺れ（トランポリン）を行うときは、中に入っているお子さんの名前をみんなで呼んであげると、視覚の弱いお子さんも、大勢の人たちに囲まれていることがわかります。

　芝生に足をつける遊びは、経験がないお子さんが多いです。はじめは嫌がっても、「い〜ち、に〜」など、楽しくなるような声かけをし、何度か続けてやっていると、慣れてくる場合もあります。

　シャボン玉に、アロマオイルを入れると、シャボン玉が割れたときに、アロマの香りが周囲に漂い、嗅覚からも楽しめます。

CHAPTER 5

水中ムーブメント

（ 水中の特性 ） 浮力、水の触覚、水圧、水流、水温など

　水には、心身を和ませる特性があり、子どもの快適感や精神的、感覚的な面に影響を及ぼすとされています。また、水の中で全身を使って遊ぶことで、皮膚刺激はもとより、身体各部の調和的発達が促されます。

　重力のある環境では、自由に身体を動かすことが困難な肢体不自由のある子どもたちですが、水の中では、身体をより楽に動かすことが可能となります。また適度な水温と水圧がもたらす全身への触刺激は、身体意識の促しや、ほどよいリラクゼーション効果をもたらします。

　いわゆる水遊びとは異なり、ある程度の深さのあるプールでは、浮力があるため浮いたり、揺れたりでき、介助者も少ない負担で子どもの全身運動を支援することが可能です。ここでは、水の特性を活かした水中ムーブメントを紹介します。

水の中は、身体が動きやすくて楽しいな

1 水中でゆらゆら、みんなで動こう

主なねらい　「水」に慣れよう

遊び方

- スロープからゆっくりと進みながら徐々に入水していく（写真1）。
- 最初、保護者は身体を密着させて子どもを抱き、少しずつ身体を離して水温や浮く感覚に慣れさせていく（写真2）。
- 水に慣れてきたら、水中で子どもの身体を左右に揺らしたり、水平に輪を描くように回ったりする（写真3、4）。

写真1
スロープから徐々に入水

写真2
徐々に水に慣れる

写真3
水中で左右にゆらゆら

写真4
足を広げてゆらゆら

支援・配慮のポイント

- 子ども一人ひとり生理的諸機能の発達段階は異なります。水の環境に適応しやすくなるよう、水慣れを丁寧に行うことが大切です。
- 水温にもよりますが、じっとしていると身体が冷えてきます。他動的にでも水中で身体を揺らすと血流が促され、身体もほぐれていきます。まず水面上での揺らしから始め、水中へと展開していくとよいでしょう。

2 水の流れで遊ぼう

主なねらい　全身で水の流れを感じて楽しむ

遊び方

- プールの中央に全員で輪になり、時計回りに歩く。保育士のかけ声で、止まったり、中心に集まったり、反対回りをするなどして、水の流れの変化や水圧を感じる（写真5〜7）。
- 保育士の「いち、にの、さーん」のかけ声で、親が子どもの両脇を持ち、水中から子どもを水上へと持ち上げる（写真8）。

写真5　周りをグルグル回る

写真6　中心に集まれ〜

写真7　水圧に負けるな

写真8　水面上にジャンプ！

支援・配慮のポイント

- 輪になって一方向に水中を歩くと水流ができます。途中で止まったり、反対方向に動いたりします。そうすると、水流に対する抵抗が身体に加わり、それによって身体意識が促されたり、また無意識に身体を支えようとする反応が生じたりします。
- 浮力のある水中から空中へ子どもの身体を引き上げると身体に重力がかかり、自分の身体の重さや存在を感じることができます。

132　PART 3　環境・遊具を活かしたムーブメント

3 浮き具を使って浮かぶ、泳ぐ

主なねらい　水に浮かぶ感覚を経験し楽しむ
　　　　　　　　浮き具を用いて、手足を動かし移動する楽しさを知る

遊び方

- ネックフロート、アームリング、浮き輪
  等の浮き具を用意する。
- 背臥位や腹臥位で浮いたり、移動したり
  する。
- 浮き具をつけ、一人で浮き、泳げるよう
  促し、見守る。（写真9〜12）

写真9　ネックフロートで

写真10
ネックフロートとベストを使って

写真11
浮き輪で伏し浮き

写真12
アームリングでゆらゆら

支援・配慮のポイント

- 理学療法士のアドバイスのもと、個々にあった浮き具を選びます。
- 未定頸の子どもにはネックフロートを用い、背臥位の姿勢で軽く補助し、浮くことを楽しみます。伏し浮きを体験させたい場合は、顎が乗せられる浮き輪を活用し、沈まないよう下肢を下から支えます。
- 四つ這いぐらいの段階の子どもには、浮き具を用いて自由に動ける感覚や楽しさが経験できるようサポートし、見守ります。

4　プールを遊具で飾ろう、触ろう

主なねらい　遊具に気づき、くぐったり、空間を通ったりして楽しむ
水中でバランスを取りながら、見たり手を出したりする

遊　び　方

- 水面に反射しやすいブルーシートやわかめに見立てたシャラシャラシートを子どもの手が届く位置に垂らす（写真13、14）。
- 水面にパラシュートのトンネルの通路をつくり、通り抜ける（写真15）。
- カラフルな鈴のついた白い大型バルーンの下をくぐったり、鈴を手に取って鳴らしたりする（写真16）。

写真 13　わかめに気づくかな

写真 14　これなんだろう？

写真 15　パラシュートのトンネル

写真 16　上で鈴の音がしてるよ

支援・配慮のポイント

- プールの中では、水面がキラキラ反射したり、音が響いたりくもったりします。空間にわくわくするムーブメントの環境を用意して、水中で自由に揺れたり、移動したりできる子どもたちが、より動きたくなったり、手を出したり、異なる環境に気づいたりするよう支援します。

5 水中スライディング

主なねらい 滑りながら身体を支え、水に飛び込む
沈む感覚や水しぶきを楽しむ

遊 び 方

- プールサイドに三角マットを置き、後ろから保育士などが介助し子どもを座らせる。（写真17）
- 「さん、にー、いち、ゼロー」のかけ声で、介助者が三角マットを上げ、子どもを水中に滑らす。（写真18）

写真17　準備はOK？

写真18　やったー！

支援・配慮のポイント

- 日頃ムーブメント療育で、斜面滑りをくり返し経験している子どもたちです。水中へのスライディングも経験させてあげたいものです。しかし、子どもにとって、水の中に落ちるのは、先が見えずドキドキ感がいっぱいです。子どもが勇気を出して飛び込めるよう、親が待機し、子どもをキャッチしてあげるとよいでしょう。
- スライディングは、座位が取れない子どもでも、背臥位で横になり、横から保育士が身体を支えるかたちで行うことも可能です。

6 プールでパラシュートを使って遊ぼう

主なねらい 水面に広げたパラシュート上で揺れを感じ、バランスをとろうとする

遊び方

- パラシュートを大人が持って水面に広げる。
- 子どもを一人ずつパラシュートの真ん中に寝かせる。(写真19)
- 表情を見ながら、ゆっくり回すように動かしたりして揺らす。
- 少しずつパラシュートを手繰り寄せ、小さくして揺らしたり回転したりする。(写真20)

写真 19　パラシュートでぷかぷか

写真 20　ゆらゆらいい気持ち

支援・配慮のポイント

- 水面上に広げたパラシュートの上は、沈みそうで沈まない、不思議な浮遊感があります。子どもが背臥位から四つ這い、座位へと姿勢を変えたくなるよう、横に揺らす、引っ張るなどして促します。
- パラシュートは、子どもの好きな歌に合わせて動かすと、初体験でも楽しく揺れを楽しむことができます。

保育士からのメッセージ

うつ伏せ、仰向け、色々な姿勢でチャレンジしてみましょう。
△や☆型の浮き輪は、丸い形の浮き輪よりも、身体をあずけやすく、つかまりやすいです。入水時、介助者は「冷たい」など、大きな声を出したり、怖がらせたりしないように静かに入水しましょう。陸上よりも自発的な動きが多く見られます。緊張が緩み、力が抜けてくると、リラックスできている証拠です。

PART 4

実践をより良い支援に
つなげよう

これまで、「PART 1　ムーブメント療育の理論を学ぼう」では、ムーブメント教育・療法を療育現場において実践する上で、理解しておきたい基礎的な理論を、「PART 2　ムーブメント療育の実践を学ぼう」および「PART 3　環境・遊具を活かしたムーブメント療育」では、発達課題別に取り入れたい実践方法を遊具の活用の仕方も含め紹介してきました。

　本書最後の章では、25年間の実践を通して培ってきた、より良い支援につなげるための工夫ポイントをお伝えします。

CHAPTER 1　子どもが笑顔になる保育者のかかわり方の工夫

POINT 1　リーダーはピエロになろう

　ムーブメント活動においては、子どもの心がわくわくし、動きたくなるプログラムを展開していきます。その上で、活動のリーダーとなる保育者は、子どもたちの心を動かす遊びの案内人、すなわちピエロのような存在となってファンタジックな遊びの環境をつくることを心がけるとよいでしょう。「なんだろう？　何が始まるのかな？」「次は何かな？　面白そうだな」などと子どもの感覚と心を動かす工夫が必要になります。

　声かけをしてからの活動は、行動の予測や心の準備につながります。声の大きさも大きいから聞きやすいわけではなく、一人ひとりに近寄っての声かけや声色を使い分けるのもポイントです。

　リーダーの立ち位置によって、聞きやすさや見やすさがあります。身振り手振りなどの動作は、大きくはっきりとメリハリをつけると視覚的にとらえやすくなります。

　例えば、子どもに遊具を提示する際も、順番に個々に見やすい位置に持っていき、手に触れさせてみたりするのも大切です。さらにわくわく感を演出するには、音や音楽の活用なども効果的です。

　おそらくこれらは保育者が最も得意とするスキルだと思われますが、とりわけ感覚や運動に弱さがあるお子さんに対しては、どんなピエロを演じればよいか、意識して臨みます。

写真1　宇宙人にも変身

POINT ② 「待つ」コミュニケーションを実践しよう

　保育や教育において、子どもの反応を待つ姿勢が重要であることはよく知られています。

　脳性まひなどで肢体に不自由があると一つの動作を行うのに時間がかかります。重い障がいがあると、外部からの情報（刺激）が伝わり、心が動いて身体の動きに現れるのに時間がかかることも少なくありません。だからこそ保育者は、行動に現れるまでの間の子どもの内面的な動きに目を向け、あせらずじっくり待つことが大事です。

　待つ間もコミュニケーションをとることが大切です。表情で「待ってるよ。急がなくていいよ、ゆっくりでいいんだよ」と伝えたり、反対に声に出して「○○ちゃん、がんばれー」と、みんなで応援したりすると子どものやる気や応えたいという気持ちにつながります。その際、その時々の場の雰囲気や個々の子どもの性格などを踏まえて、コミュニケーションの仕方を工夫することが求められます。

　子どもが行動を示した際には、「できたねー。すごく上手にできました」などと瞬時に笑顔でわかりやすく褒め、伝えます。そうすることで今自分が行ったことが、どういうことなのか実感でき、動きとその行動の理解へとつながっていきます。

POINT ③ 「できること」「できるように」を工夫する

　ムーブメント教育・療法では、「できないこと」をできるようにするのではなく、「できること」を楽しみ、よりできるようになることを大切にしています。

　ムーブメントでいう「できないこと」とは、発達を支援する上で、ねらいに掲げるには課題として高すぎたり、子どもが遊びの中で自発的に取り組んだり、挑戦したい気持ちがもてないものを意味します。

　つまり、楽しくない活動になります。重症心身や肢体不自由のある子どもたちの多くは、発達が初期の段階にあり、一人で行うには困難な活動が少なくありません。しかし、保育者が一緒に行えば、ほとんどのことが経験できます。

　例えば、ロープ（プレーバンド）を握っての引っ張りっこ。自発的な手指の動きが少ない場合、一人で握ることは困難です。しかし、保育者が子どもの手のひらにロープを握らせ、保育者の手で子どもの手を包むように握ってあげると、一緒にロープを引っ張ることができます。

　座位でトランポリンに乗っての揺れ遊びも、介助座位やクッションチェアに座り、保育者が椅子を支えれば、揺れを楽しむことができます。一人では難しくても保育者が一緒に行うことでできる楽しい活動を工夫し、経験の幅を広げていきます。

CHAPTER 2 ムーブメント環境としての音楽の活用

POINT 1 音楽を使って動きの活動を支えよう

　ムーブメント教育・療法では「動き」を通して子どもの発達を支援しますが、音楽を伴うとより豊かな遊びの環境が提供できます。音楽は動きの活動を盛り上げたり、動きを後押ししたり、また興味が持続するように支えたりするはたらきがあります。

　音楽を活用することの意義については、ムーブメント教育の先駆者の一人であるスイスの元ジュネーブ大学教授S.ナビールによっても提唱されています。

　例えばフリスビーやロープ、プレーバンドなどの遊具に鈴をつけて動かすことで動きと音が連合し、楽しさが増し、興味関心を深めることにつながります。

　重症心身障がいのある子どもたちなどは、動きそのものに注目することが難しい場合もあります。一緒にボールを持って斜面を転がしたとします。しかし、ボールの動きを最後まで目で追うことが困難だと面白さが半減してしまいがちです。

　そのような時、例えば斜面の下にミュージカルチェーンや鈴、ビーズを入れたペットボトルの的を置いておきます（写真1、2）。つかんだボールを手から放したらコロコロ転がっていき、的に当たって音が響きます。その音が鳴ることで「こうしたらこうなった」という、因果関係の理解や動きそのものに気づくことができ、子どもの「わかった！」「できた」という達成感につながります。

　このように音や音楽がきっかけとなって、「何だろう？　おもしろいなあ！」という興味関心が育っていきます。動きに音を加える一工夫でムーブメント環境を豊かにします。

写真1　ミュージカルチェーン

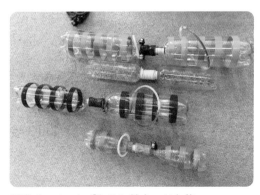

写真2　ペットボトルに鈴をつけた的

　音には、音量、音質、音楽の形式や構造などがあり、音楽を用いる際には、それらに配慮して活用することが大事になります。とりわけ、音に慣れていない発達初期の子どもに対しては配慮が必要です。

　例えば、音量については、刺激の少ない、小さい音量から始め、だんだんと音量を上げていき、刺激を増やしていきます。音の質は、受け入れやすい柔らかい音質のものから徐々に刺激の強めな金属系の音へと展開していくとよいでしょう。音楽の速度は緩やかなレベルから始め、徐々に早めていきます。音楽構造がシンプルで短いフレーズのものの方が理解しやすい特徴があります。

　音刺激は受け取る子どもの状態によっても変わります。音・音楽に対する子どもの反応を確かめつつ、個々の子どもの好みの音や音楽を探しましょう。また、予告なしで急に音が鳴るとだれでも驚きます。使う楽器を目の前で見せて説明し、どんな音がするか、何度か聞かせてから活動を始めるようにします。

　楽器には触ってみたいと思わせる魅力があります。各楽器特有の形の面白さもありますが、何より触れたり、動かしたりすると音が鳴るという楽器のあり様が子どもたちを魅了します。

　ムーブメント教育・療法においては、楽器は手の動きを引き出し、操作性を高める遊具として、さらには聴覚や身体を通した音への気づき、音を介したコミュニケーションを促す遊具としても活用します。

　肢体不自由がある子どもにとって、操作しやすく音のでやすい楽器として、太鼓やマラカス、鈴などがあります。これらの楽器を一人ずつ持ちます。童謡など子どもになじみのある曲を保育者がピアノなどで演奏し、それに合わせて子どもたちが楽器を鳴らし楽しみます。

　例えば、子どもを2つのグループに分けて、曲のここのパートはAグループが鳴らす、次のパートはBグループが鳴らす、最後はみんなで鳴らす、というように楽器を交代で鳴らすのも楽しめます。順番に鳴らすことで、曲に合わせて楽器を操作したり、待ったりなど、聴覚と手の動きの連合を促すことにもつながります（写真3）。

　太鼓を用いる際には、触って感触を確かめ、音を出すことから始めます。太鼓を鳴らしやすくする工夫も大事です。

　Part 2のあずきを使った遊び（48ページ）の実践方法では、太鼓の上にあずきを落し、音を

鳴らして楽しむ例を紹介しましたが、叩く力が弱い場合などは、太鼓の上に鈴など小さい楽器を置いておくと、小さい力でも楽器が動いて音が鳴るので楽しむことができます。あるいは太鼓にゴムをつけ、引っ張ると音が出るようにします。

写真4は、子どもがドラを鳴らしている場面です。バチの代わりにひもにぶら下げたペットボトルをドラの前にぶら下げます。子どもがペットボトルを掴んで手を放すと、ドラに当たり音が鳴ります。簡単な操作で楽器が鳴るようにさまざまな工夫を施すことで、子どもたちが主体的に楽器に親しむ機会を提供します。

POINT ④ 音楽を身体と心で聴いて楽しむムーブメント

音楽鑑賞（CD等の音源や保育者の生の演奏を聴く）には、心身のリラックスを促す効果があります。たくさん動いて遊んだ後に、あるいは、活動の転換時に気持ちの切り替えや心身を落ち着かせる効果として、音楽を聴く時間を取り入れるとよいでしょう。また、音楽には、子どもの想像力や創造性を高める力があります。

光のムーブメントでの実践例を紹介します。ある日の活動では、光の活動を体験した後に幻想的な雰囲気の中、保育者がトーンチャイムで「キラキラ星」の曲をピアノ伴奏とともに演奏しました。子どもたちは直前の体験を振り返り、新たなイメージを想像しながら聴き、クールダウンして活動を終えることができました（写真5）。

また、これを導入に使うこともできます。暗い空間に浮かび上がる光の中で、やさしく響くトーンチャイムの音に、「何が始まるのかな」と想像を膨らませ、次の活動へ誘いスムーズに入っていく動機づけとして提示します。

音楽を聴いて楽しむ際には、CDなどの曲を用いてもよいですが、耳だけでなく身体で聴くことができるのは楽器の生演奏です。とりわけハンドベルやトーンチャイムなどのメロディー楽器を用いた演奏や、場面に合わせて弾くピアノなどの演奏は、子どもにとって身近な存在である保育者が演奏することで、最も親しみやすく心に響く音楽になります。

POINT ⑤ ピアノを演奏する際のポイント

ムーブメント活動では、子どもの動きに合わせたり、子どもの動きを引き出したりすることを目的にピアノを演奏することがたびたびあります。

走行ムーブメントや車いすダンスなどでは、ピアノ演奏は欠かせません。これらの活動時に保育者がピアノを演奏する際には、子どもが今どんな動き方をしているのか観察し、動きに合わせて演奏することが求められます。演奏するテンポや速さ、音の強弱を変えたり、音を止め

たり再開したりなど、その時々の動きや雰囲気に合わせて弾くなどのスキルが必要となります。そのため、日頃から弾き慣れている曲を選び、レパートリーを増やしていくとよいでしょう。

　また活動時のBGMとして、音楽を流すことがよくありますが、すべての活動に音楽をつける必要はありません。常に音楽が流れている状態は、逆に音楽がもたらす効果を薄れさせてしまうこともあります。音楽を用いる意義を踏まえ、効果的な活用の仕方を考えましょう。

写真3　みんなで色々な楽器を鳴らしてみよう!!

写真4　ドラを鳴らしてみよう

写真5　トーンチャイムでキラキラ星

障がいの重い子どもの「できた！」を
かなえる遊具と支援の工夫

CHAP TER 3

POINT ❶ 既存の遊具にプラスのひと工夫

　指でつまんだり、握ったり、引っ張ったりなど、手指の操作性に課題がある子どもたちと遊ぶ際には、日常使用する遊具などに操作しやすくなる工夫を施しておくのもおすすめです。

　写真1は、つまむ力が弱い子ども用に、ビーンズバッグに取っ手をつけたものです。マジックテープで取り外しができるので、いくつか作っておくと必要に応じてつけたり外したりできます。

　写真2は、ロープに吊るしたハットフリスビーを取りやすくする工夫です。洗濯ばさみをひもでロープに吊るし、ハットフリスビーの端をほんの少しだけ挟みます。こうすることで、少しの動作でハットフリスビーを引っ張って外すことができます。鈴をつけておくと外せたときに音が鳴るので、より達成感が得られます。

写真1　取っ手つきビーンズバッグ

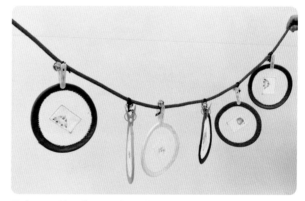

写真2　洗濯ばさみで軽く挟む

POINT ❷ 身近にあるものの活用

　ムーブメントに使えるものはないかなと、施設内を見まわしてみると「これは！」と思うものを発見できたりします。昔からあった、こんなものやあんなもの（写真3、4）を、動きを引き出す遊具として活用するとよいでしょう。

例えばキャスターカーは、座位でも横になった姿勢でも移動遊びに最適です。両端に取っ手がついていると、座位の安定を促したい場合には、両手でしっかり握るよう声かけし、バランスをとれるように促してあげると両手で支えながら揺れに対し、体幹を保持しようとします（写真3）。

　ローリングカップは、座位や内側にタオルケットを敷いた上に仰向けに寝転がった姿勢で、左右・前後に揺らしたり、ゆっくりと回転させて遊びます。筋緊張が強い子どもなどは、膝の下にロールマットを入れ、丸いポジションをつくり、やさしく揺らしてあげるとリラクゼーションにつながります（写真4）。

写真3　キャスターカー

写真4　ローリングカップ

POINT ③ トランポリンのタイプ別活用方法

　トランポリンにも大型トランポリン、中型トランポリン、一人用トランポリン、エアートランポリンなどさまざまな種類があります（写真5～7）。それぞれの特徴を活かした使い方ができます。

　トランポリンの高さは、子どもの登りやすさやキャンバス上に大人が子どもを乗せる上でも低めの方が適しています。つかまり立ちの発達段階にある子どもが、トランポリンに乗ろうと座位からつかまり立ちし、自ら身体をキャンバスに乗り上げようとする姿が見られたりします。

　高さとキャンバスの面積がある大型トランポリンは、大きい揺れを楽しめたり、揺れ幅や揺れの種類を調整しやすかったりします。子どもたちが何人か一緒に乗ることもでき、また大人が介助や揺れをつくるために一緒に乗ることもできる良さがあります。

　一人用トランポリンは座面が狭いので、座位もしくは自立歩行を促したい場合などに適しています。比較的揺れ幅が小さいため、キャンバス上に子どもが立位をとり、対面から大人が子

どもの両手を持ち支えるだけでも子どもにとっては不安定さが面白く、懸命にバランスをとろうとします。

　エアートランポリンには、電動で空気を送り続けるタイプのものや写真7のように空気を満たしたバルーン状のものなどがあります。いずれも上記のバネ式のものとは異なる揺れが経験できます。

　どのような揺れをどのような姿勢で経験したいかを考えながら、それぞれの特徴を活かして活用するとよいでしょう。

写真5　中型トランポリン

写真6　一人用トランポリン

写真7　エアートランポリン

CHAPTER 4 プログラムづくりのポイント

これまで本書では、さまざまなムーブメント活動を紹介してきました。ここではそれらの活動を組み込んで、主活動としてムーブメント活動を実践する際のプログラムづくりのポイントを紹介します。

POINT ① 山型やＭ字型の活動展開を意識しよう

ムーブメント療育は、運動遊びのプログラムに通じます。肢体不自由のある子どもたちは、身体の筋緊張が強かったり、四肢に拘縮があったり、手足の末梢部位が冷えていたりすることもあり、運動の前に身体をほぐすなど準備が必要な場合も少なくありません。そのような子どもたちの特性を考慮し、最初から全身を参加させる運動負荷の大きい活動を取り入れるのではなく、身体慣らしから入り、徐々に活動量を高めていくことを推奨します。

活動の展開は、運動量でとらえるなら、徐々に活動量を上げ、クールダウンにもっていく山型、もしくは途中で静的な遊びを取り入れるＭ字型になるように意識するとよいでしょう。

本園では、①フリームーブメント、②呼名、③ムーブメント体操、④課題ムーブメント（29ページ、1から3種類程度）、⑤クールダウンという大まかな流れでプログラムを構成しています。

ムーブメント体操は、身体慣らしとして丁寧に行っています。ムーブメント体操の例を、本書「PART 2-2．身体意識を育てるムーブメント（1）身体像・身体概念の育ちを支える遊び」（80ページ）で紹介しています。

課題ムーブメントは、全身を参加させる感覚運動からなる活動を何種類か組み入れるとよいでしょう。その際、異なる運動刺激が経験できる活動を選択すると多様な動きが経験できます。最後は、身体のクールダウンにつながる座位や横になった姿勢での緩やかな活動を取り入れます。

POINT ② フリームーブメントの活用

「フリームーブメント」とは、子どもたちが遊びに入る前に、自由に遊具で遊ぶ時間です。身体慣らしや遊びの環境に入っていく心の準備に適しています。親子で活動する際は、親子でゆったり遊ぶ中に保育者が入って、子どものその日の体調や最近の様子を保護者から聞いたり、保育者が療育における最近の子どもの様子を伝えるなど、情報交換の機会にもなります。

子どもと保育者でムーブメント活動を行う場合は、この時間に子どもと遊びながら保育者は、その日の子どもの身体の緊張や弛緩状況、覚醒状況、呼吸状況などが確認でき、その後の活動への参加の仕方の参考にすることができます。活動に入る前の10数分間程度でよいので取り入れるとよいでしょう。

POINT ❸ サーキット・コーナー遊びの工夫

　サーキットやコーナー遊びを設置してのムーブメントは、一度に何種類もの遊びの環境を設定することができるため、子どもたちが一つの流れの中で、多様な感覚運動を経験することが可能です。

　サーキットは、コースの中に動きの流れをつくることで、登ったり、下ったり、転がったりすることができ、移動を楽しむのに最適です。子どもの目にわかりやすいスタートとゴールを設置すると、ゴールに向けて進む励みとなり、また到達したときの達成感を味わうこともできます。

　次に、コーナー遊びとは、図1のように室内を何か所かに区分し、場所ごとに遊具を設置して行う遊びです。子どもたちはじっくりと活動に取り組めると同時に、次はどこのコーナーで遊びたいか、自分で遊びを選択することもできるので、主体的な遊びに適しています。

　サーキットやコーナー遊びを取り入れる際は、まず保育者がすべての遊びの見本を示します。そうすることで子どもたちは、目で見て遊びの内容を理解したり、雰囲気を感じ取ったりすることができ、主体的な動きを引き出すことにつながります。

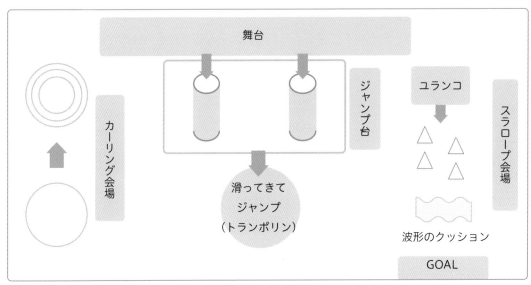

図1) コーナー例「冬季オリンピック競技会場で遊ぼう」

CHAPTER 5 子ども一人ひとりの力を引き出す工夫

POINT 1 子どもの育てたい力を確認しよう！

　近年、障がいがある児（者）への支援は、個々の支援ニーズに応じた個別の支援計画を作成し、それに基づいてPDCAサイクルで実践されています。療育現場においても子ども一人ひとりに対し、個別の療育計画を立てて療育を実践しています。

　ムーブメント教育・療法は、「PART 1　ムーブメント療育の理論を学ぼう」の章で既述したように発達アセスメント（MEPA－ⅡRおよびMEPA－R）とプログラムが一体化した支援方法のため、個別の支援の実践に際し、そのまま活用することができます。個々の発達を支援する際には、アセスメントを活用し、しっかりと子どもの実態を把握し、心身の育てたい力を明確にします。

　MEPA－ⅡRを用いると、スモールステップで子どもの実態や変化を確認でき、発達課題を設定・見直しすることができます。定期的にアセスメントを行いながら、子どもの変化に目を向け、支援に活かしていきます。

POINT 2 一人ひとりの特性に応じた遊び方の工夫

　ムーブメント活動は、集団で行うことで遊びがダイナミックになったり、友だちと一緒になって遊んだり、協力して活動するなどの面白さ、楽しさを経験することができます。それらの経験は情緒や社会性の向上につながります。しかし、子どもたちの発達特性は多様で、遊びの好みも運動遊びの経験値も異なります。集団で行うムーブメントプログラムの中で、いかに子どもたち一人ひとりの特性に応じ、配慮や工夫が行えるかが保育者の腕の見せ所です。

　例えば、視覚が弱い子どもたちには、聴覚や触覚を通して遊びの面白さが伝わるよう、遊具をプラスしたり、音楽を活用したり、丁寧な声かけや触って確認するはたらきかけを工夫します。

　聴覚に弱さがある場合は、目で見て楽しめたり、情報が得られやすいように、見やすい位置を工夫します。同じ活動の中でも、一人ひとりのやり方で楽しめる参加方法をプログラムづくりの段階から想定し、準備しておきます。

　トランポリンやパラシュートなどに乗る際は、子どもだけで身体をくっつけて乗ったり、ペアで遊具の引っ張りっこをするなど、互いの存在を身近に感じる場面も積極的に設定します。

そのような時は、あえて大人は介入せず、子どもたちが、安全に遊びに集中できるよう見守るだけにとどめます。

POINT ③ 実践は、チームワークを駆使して

　療育現場では、保育者を中心に児童指導員や理学療法士、作業療法士、心理職、看護師などの専門家が配置され、チームになって子どもと家族の支援にあたっています。ムーブメント療育に理学療法や作業療法の専門家が一緒に活動したり、事前に遊びの場面での子どもの姿勢や移動の動き方などの助言を得ておくと子どもの動きを広げる支援につなげることができます。

　また、近年、常時酸素吸入や人工呼吸器を使用している子どもも増えてきました。ムーブメント活動に参加する際の留意事項を保護者と確認した上で、必要に応じ保育者や看護師がつくなどして、より良いかたちで活動に参加できるよう環境を整えるとよいでしょう。

CHAPTER ⑥ 家族支援に活かすために

POINT ① 親子ムーブメント

　ムーブメント療育は、親子参加型で行うことで直接的に家族支援につなげることができます。子どもと親、そして保育者などが一緒に取り組むことで、子どもがどの場面で笑顔や真剣な表情を見せたか、どのような言葉を発したか、どの遊びを好み、何が苦手だったかなど、一緒に確認したり発見したりすることができます。

　また、同じ場にいるからこそ、遊びの際の子どもの介助方法を教えあったり、活動内容がどのように子どもの発達につながっているかを保護者に伝えたりすることができます。月に1回でも年に数回でもよいので、親子でのムーブメント療育を定期的に実施することで家族支援の実践が可能となります。

POINT ② 親も子もみんなが楽しめる活動の工夫

　ムーブメント活動は、子どもだけでなく保護者も保育者も参加者全員が楽しめる遊びの活動であることに意義があります。とりわけ最も重要なポイントは、保護者が参加して楽しかった

と思える活動であることです。

　子どもが笑顔になると自然に周囲の大人も笑顔になります。しかし、実は子どもは親の心理的状況には敏感です。親が笑顔でいたり、楽しそうにしていたりすると、子どもは幸福感と心理的安定に満たされ、遊びや学びにより意欲的に取り組む姿が見られます。

　肢体不自由がある子どものムーブメントは、肢体不自由がない子どもの活動と比べると保護者が子どもの姿勢や動きを支える場面が多くなります。適時、保育者がサポートすることで親が「介助」する場面は減らし、子どもと一緒にムーブメントを楽しめるよう工夫することが大切です。

POINT ③ ムーブメント教育・療法は子どもと家族のために

　それぞれの園によって療育や保育形態は異なります。本園では、親子参加のムーブメント療育を実践していますが、それと同時に、通常の療育活動でもムーブメントを取り入れています。

　多様な子どもたちが通園している保育園や幼稚園などでは、主活動として取り入れている園もあります。また、特別支援学校などでは、自立活動や体育の時間、地域の学校との交流・共同学習にムーブメント活動が取り入れられています。近年では、放課後等デイサービス事業での活動や余暇活動などでも実践されています。

　このようにムーブメント教育・療法は、それぞれの目的やねらい、活動方針に沿って取り入れ、実践されており、この方法でなければならないといった決まりはありません。その上で共通して軸となるのは、保護者の理解と協力、すなわち子どもの発達支援における保護者の参画です。活動に参加していなくても、子どもの活動時の様子や積み重ねの変化をしっかりと共有し、ともに子どもの成長を喜びあえたり、親の願いに寄り添える状況をつくっておいたりすることが支援者側に求められます。

　ムーブメント教育・療法は、子どもの健康と幸福感をゴールに家族とともに歩むことを大切に実践します。

〈参考文献〉
- 仁志田博司監修・小林芳文・藤村元邦編『医療スタッフのためのムーブメントセラピー』メディカ出版、2003
- 小林芳文・大橋さつき・飯村敦子他『発達障がい児の育成・支援とムーブメント教育』大修館書店、2014
- 小林芳文編著『障がいの重い児（者）が求めるムーブメントプログラム――MEPA-ⅡRの実施と活用の手引』文教資料協会、2014
- 小林芳文・藤村元邦・飯村敦子『MEPA-ⅡR重症児（者）・重度重複障がい児のムーブメント教育・療法プログラムアセスメント』文教資料協会、2014
- 小林芳文監修『保育 教育 特別支援教育に生かすムーブメント教育・療法 MEPA-R活用事例集』日本文化科学社、2017
- マリアンヌ・フロスティッグ著／小林芳文翻訳『ムーブメント教育・療法――理論と実際』日本文化科学社、2007
- 小林芳文著『LD児・ADHD児が蘇る身体運動』大修館書店、2001
- 小林保子・小林芳文『トランポリン運動が重症心身障害児の皮膚温および心拍数に及ぼす影響』小児保健研究、Vol. 55, No.4, pp520-526、1996
- 小林保子『重症心身障害児へのファミリーサポートプログラムを用いた支援に関する研究――療育施設を核とした活動の展開』第32回あすへの療育研究報告書、pp61-71、社会福祉法人読売光と愛の事業団、2004
- 小林芳文編『ムーブメント教育・療法による発達支援ステップガイド――MEPA-R実践プログラム』日本文化科学社、2006
- 小林芳文監修編『発達に遅れがある子どものためのムーブメントプログラム177』学研教育出版、2015（第1版2010）
- 小林芳文他『ムーブメント教育の実践2 教具・遊具の活用事例集』学習研究社、2004（第1版1985）
- 村田武雄部分担当著者『最新名曲解説全集　第5巻　管弦楽曲Ⅱ』音楽之友社、pp153-154、1982
- ローランド・ピアノ・デジタルで楽しむ200曲　THE BEST SELECTIONS 200、ローランド、1999
- 関益久著、アウトドア・ライフシリーズ4『すぐに役立つフォークダンス・ハンドブック』黎明書房、pp41-53、2013（初版1999）
- 花岡純子『重症心身障害児・者における音楽療法の影響・第1報――心電図解析と表情分析から』第7回日本音楽療法学会学術大会　2007
- 小林保子・松橋圭子『環境をデザインする　子どもが育つ保育』学苑社、2019
- 藤澤憲・高橋眞琴『重度・重複障がいのある児童への手作りスヌーズレン空間の活用：「海中の世界」を体験する授業実践を通して』鳴門教育大学授業実践研究：学部・大学院の授業改善をめざして（17）、pp119-128、2018

〈楽譜〉
実践例②車いす・バギーダンス（楽譜作成と文章を参考）
- スケーターズ・ワルツ
　ローランド・ピアノ・デジタルで楽しむ200曲　THE BEST SELECTIONS 200、ローランド、1999、pp348-349
- オクラホマミキサー
　関益久著　アウトドア・ライフシリーズ4『すぐに役立つフォークダンス・ハンドブック』pp41-46、2013（初版1999）
- コロブチカ
　同上pp47-53、2013（初版1999）

〈紹介した遊具の問い合わせ先〉
- パステル舎
　〒248-0013　神奈川県鎌倉市材木座2-7-15
　Tel:0467-23-8360　Fax:0467-23-9170
　HP：http://pastel4.web.fc2.com/
- 特定非営利活動法人日本ムーブメント教育・療法協会
　HP：http://jamet-npo.jp/
　E-mail：movement@jamet-npo.jp

あとがき

　本書の出版を思い立ったのは、今からちょうど2年前。ひだまりで毎年年初に実施している保護者を対象としたムーブメント療育研修会の資料づくりをしていた際、次年度には25年目を迎えることに気づいたことがきっかけでした。

　1995年（平成7）年にムーブメント教育・療法が療育に取り入れられたのは、医療型児童発達支援センターひだまりの前身である肢体不自由児通園施設相模原市立第二陽光園時代でした。以後、保育士の先生方は、毎回、ひたすら子どもたちの心と身体の発達を願い、プログラムを練り、保護者とともに実践を続けてこられました。この25年間の取り組みを振り返ってみると、ムーブメント療育に取り組む中で培われたプログラムづくりやアセスメントスキル、遊具開発や支援方法などが膨大な財産として受け継がれてきていることがわかりました。

　それらの資料を基に内容を分類し、体系づけ、プログラムの意味や実践方法がわかりやすく伝わるよう、大切に記録・保存されてきた写真やイラストを添え、1冊の本としてまとめられたことはこの上ない喜びです。同じように療育や教育に携わる方々の一助になることと確信しております。

　まっすぐなまなざしと笑顔を向けてくれた子どもたち、子どもたちのことを教えてくれる愛情豊かな保護者のみなさま、ひだまりの先生方、そして地域のビデオボランティアのみなさまに心よりお礼を申し上げます。そして本書を出版する機会を与えてくださったクリエイツかもがわの田島英二様に深く感謝いたします。

　本書が一人でも多くの子どもたちの笑顔につながることを願って。

2020年7月

編著者　小林保子・花岡純子

PROFILE

〈監修者〉
● 小林　芳文（こばやし　よしふみ）　横浜国立大学・和光大学　名誉教授
東京大学大学院教育学研究科博士課程（健康教育学専攻）修了。教育学博士
著書に『幼児の体力発達』（単著、多賀出版、1998年）、『LD児・ADHD児が蘇る身体運動』（単著、大修館書店、2001年）、『フロスティッグのムーブメント教育・療法』（単訳、日本文化科学社、2007年）、『発達障がい児の育成・支援とムーブメント教育』（共著、大修館書店、2014年）、『MEPA-R活用事例集──保育・療育・特別支援教育に生かすムーブメント教育・療法』（監修、日本文化科学社、2017年）

〈編著者〉
● 小林　保子（こばやし　やすこ）　鎌倉女子大学児童学部児童学科　教授
東京学芸大学大学院連合学校教育学研究科（健康・スポーツ系教育講座）修了。博士（教育学）
東京福祉大学短期大学部を経て2015年より現職。著書に『障がいの重い児（者）が求めるムーブメントプログラム── MEPA-ⅡRの実施と活用の手引き』（共著、文教資料協会、2014年）、『新しい時代の障がい児保育──子どもの育ち合いを支える「インクルーシブ保育」』（編著、大学図書出版、2017年）、『保育者のための障害児療育──理論と実践をつなぐ　改訂2版』（共著、学術出版会、2017年）

● 花岡　純子（はなおか　じゅんこ）　国立音楽院　講師
横浜国立大学大学院教育学研究科（障害児教育専攻）修了。修士（教育学）。日本音楽療法学会認定音楽療法士。保育士。認定ムーブメント上級指導者。相模原市立医療型児童発達支援センター「ひだまり」ムーブメント専門指導員。
療育相談「でんでん虫」、療育センター「希望の家」を経て、東京都七生福祉園などで障がい児・者や高齢者への音楽療法を実践。

〈協力機関〉
相模原市立医療型児童発達支援センター　ひだまり
園長　清水みちよ
原田真美、小林明子、小泉清江、金井貴子、松館さおり、小川佳織

「保育士からのメッセージ」似顔絵イラスト　原田真美

子どもたちが笑顔で育つ
ムーブメント療育

2020年9月20日　初版発行

監　修● 小林芳文
編　著● ⓒ小林保子・花岡純子
発行者● 田島英二　info@creates-k.co.jp
発行所● 株式会社 クリエイツかもがわ
　　　　〒601-8382　京都市南区吉祥院石原上川原町21
　　　　電話 075（661）5741　FAX 075（693）6605
　　　　http://www.creates-k.co.jp
　　　　郵便振替　00990-7-150584
デザイン● 菅田　亮　イラスト● ホンマヨウヘイ
印 刷 所● モリモト印刷株式会社
ISBN978-4-86342-295-7 C0037　printed in japan

本書のコピー、スキャン、デジタル化等の無断複製は著作権法上での例外を除き禁じられています。
本書を代行業者等の第三者に依頼してスキャンやデジタル化することは、
いかなる場合も著作権法上認められておりません。

本体価格表示

子ども理解からはじめる感覚統合遊び
保育者と作業療法士のコラボレーション
加藤寿宏／監修　高畑脩平、萩原広道、田中佳子、大久保めぐみ／編著

4刷

保育・教育垷場での子どもの気になる行動を、感覚統合のトラブルの視点から10タイプに分け。①行動の理由を理解、②支援の方向性を考え、③集団遊びや設定を紹介。

1800円

乳幼児期の感覚統合遊び　保育士と作業療法士のコラボレーション
加藤寿宏／監修　高畑脩平、田中佳子、大久保めぐみ／編著

7刷

子どもの発達を促す感覚遊びに納得感覚統合の発達をわかりやすく解説。「ボール遊び・木登り禁止」などの環境の変化で、身体を使った遊びの機会が少なくなったなかで、子どもたちに育んでほしい力をつける。0〜5歳の遊び29例。

1600円

学童期の感覚統合遊び　学童保育と作業療法士のコラボレーション
太田篤志／監修　森川芳彦×豊島真弓、松村エリ×角野いずみ、鍋倉功×山本隆／編著

「ボール遊び禁止」やスマホなど、身体を使った遊びの機会が少なくなったなかで、学童保育指導員と作業療法士の感覚統合遊びで、子どもたちに育んでほしい力をつける。

2000円

学童期の作業療法入門　学童保育と作業療法士のコラボレーション
小林隆司、森川芳彦、河本聡志、岡山県学童保育連絡協議会／編著

気になる子どもの発達を促す「作業療法」！──作業療法、感覚統合の理論をわかりやすく解説、作業療法の視点から「①感覚遊び、②学習、③生活づくり」で、子どもの発達を保障する新たな学童保育の実践を拓く！

1800円

学校に作業療法を　「届けたい教育」でつなぐ学校・家庭・地域
こども相談支援センターゆいまわる、仲間知穂／編著

2刷

障害という言葉のない学校をつくりたい。「子どもに届けたい教育」を話し合い、協働することで、子どもたちが元気になり、教室、学校が変わる！　先生が自信をもって教育ができれば、障害の有無にかかわらず、子どもたちは必ず元気に育つ。

2200円

行動障害が穏やかになる「心のケア」
障害の重い人、関わりの難しい人への実践
藤本真二／著

2刷

「心のケア」のノウハウと実践例！　感覚過敏や強度のこだわり、感情のコントロール困難など、さまざまな生きづらさをかかえる方たちでも心を支えれば乗り越えて普通の生活ができる──。

2000円

凸凹子どもがメキメキ伸びるついでプログラム
井川典克／監修　鹿野昭幸、野口翔、特定非営利活動法人はびりす／編著

「ついで」と運動プログラムを融合した、どんなズボラさんでも成功する、家で保育園で簡単にできる習慣化メソッド！　児童精神科医×作業療法士×理学療法士がタッグを組んだ生活習慣プログラム32例

1800円

みんなでつなぐ読み書き支援プログラム
フローチャートで分析、子どもに応じたオーダーメイドの支援
井川典克／監修　高畑脩平、奥津光佳、萩原広道、特定非営利活動法人はびりす／編著

2刷

くり返し学習、点つなぎ、なぞり書きでいいの？　一人ひとりの支援とは？　読み書きの難しさをアセスメントし、子どもの強みを活かすオーダーメイドのプログラム。教育現場での学習支援を想定、理論を体系化、支援・指導につながる工夫が満載。

2200円

なければ創ればいい！　　重症児デイからはじめよう！

鈴木由夫、(一社)全国重症児者デイサービス・ネットワーク／編著

どんなに重い障害がある人でも、全国どこでも、安全・安心な環境で地域で暮らせる社会が実現するために。重い障害をもったわが子を育てる、重症児デイを立ち上げる姿に共感と感動の物語。重症児デイの立ち上げから法人設立、事業準備、事業計画、資金、人材、利用者確保まで、重デイ・ネットの実績から明らかにする。　　　　　　　　　　　　　　　　　　　1800円

a life　　18 トリソミーの旅也と生きる

藤井蕗／著

子どもと家族を支えるチームは、どのようにできていくのかを知ってもらいたい―病気や障害を抱えたすべての子どもたちや家族が、1日1日、その子らしく生きることができるように。
　　　　　　　　　　　　　　　　　　　　　　　　　　　　　　　　　　　　　2000円

ヘレンハウス物語　　世界で初めてのこどもホスピス

ジャクリーン・ウォースウィック／著　仁志田博司、後藤彰子／監修

日本にも生まれつつある、難病や障害のあるこどもと家族の「こどもホスピス」「レスパイト施設」開設のバイブル！ 難病の子どもたちの「ヘレンハウス」設立と運営、その後の感動的な物語。
　　　　　　　　　　　　　　　　　　　　　　　　　　　　　　　　　　　　　2400円

療育って何？　　親子に笑顔を届けて

近藤直子、全国発達支援通園事業連絡協議会／著

2刷

障害を診断される前のゼロ歳の時期から「育てにくさ」をもつ子どもと家族を支える大切さと、取り組みを親、OT、PT、保育士、事業所、行政それぞれの視点から紹介。「療育」とは何かが浮かび上がる。　　　　　　　　　　　　　　　　　　　　　　　　　　　　　　1700円

子どものかわいさに出あう　　乳幼児期の発達基礎講座

近藤直子／著

5刷

発達とは何か、乳児から幼児になる1歳半の節、2歳から3歳の自我のめざめ、4、5歳のこころの育ちを学ぶ。できる自分とできない自分の間の揺らぎ、子どもの「イヤ」に秘められた心の育ちを知ったとき、子どもがかわいく見えてくる。　　　　　　　　　　　　　　　1200円

子どものねがい　子どものなやみ
乳幼児の発達と子育て（改訂増補版）

白石正久／著

2刷

発達とは矛盾をのりこえること…現実の自分を前に苦しんでいる、しかし、発達へのねがいや心を感じあえる。そんなとき、ともに前をむいて、いっしょに矛盾をのりこえていく力も生まれてくる。　　　　　　　　　　　　　　　　　　　　　　　　　　　　　　　　　2000円

あなたの好きな歌はなぁに？　　音楽療法士がおくる楽しいうた絵本

二瓶明美／著

おなかの赤ちゃんに、手あそびしながら、かたづけの合図として、生活のなかに音楽を！ 乳幼児期にぴったりな、やさしい、楽しい歌と楽譜30曲。保・幼・小・療育・音楽教室でも使える。
　　　　　　　　　　　　　　　　　　　　　　　　　　　　　　　　　　　　　1500円

チャレンジ！ ファシリテーション・ボール・メソッド (FBM)
こころと身体のボディワーク 基礎と実践

FBM研究会／編著

3刷

空気量を調整したやわらかボールを使って身体づくりにチャレンジ！ 個々に応じてバランス、姿勢の保持、移動、手指操作など自発的な動作を引き出す。　　　　　　　　　　　2300円

http://www.creates-k.co.jp/